RALF FRIEDRICHS

# KAISERSCHMARRN
Die verrücktesten Skandale der
Fußball-Nationalmannschaft

**humboldt**

# INHALT

- Vorwort . . . . . . . . . . . . . . . . . . . . . . . . . . . . . . . . . . . . . . . . . 4
- Albanien – Angstgegner und Synonym des Scheiterns . . 6
- Ascochinga – Ein (Alp-) Traum von einem Quartier . . . . 11
- Battiston-Foul – Was wirklich geschah . . . . . . . . . . . . . . 15
- Belgrader Nachthimmel – UFOs! . . . . . . . . . . . . . . . . . . . 19
- Bundestrainer Breitner – Eine Nacht lang Revolution . . 23
- CORDOBA – So war's . . . . . . . . . . . . . . . . . . . . . . . . . . . 28
- DDR – Netzer ebnet den WM-Weg . . . . . . . . . . . . . . . . . 36
- Deutsche Torhüter – Es kann nur einen geben … . . . . . 41
- Drama Lama – Rotzfrech . . . . . . . . . . . . . . . . . . . . . . . . 49
- Effenbergs Fingerzeig – Vorbild für Millionen . . . . . . . . 52
- Einen Gomez machen – Schusstechnik Teil 1 . . . . . . . . 55
- Einen Ter Stegen machen – Schusstechnik Teil 2 . . . . . 58
- England – Fußball-Erfinder ohne Fortune . . . . . . . . . . . 61
- Fringsen – Katholisch klauen . . . . . . . . . . . . . . . . . . . . . 67
- Fritz-Walter-Wetter – Das dunkle Geheimnis . . . . . . . . 70
- Führungsspieler – Früher war alles besser . . . . . . . . . . 73
- Golden Goal – Von blanken Brüsten und alten Männern 76
- Hinternwischer – DER TRIKOTTAUSCH . . . . . . . . . . . . 80
- Italien – Das Erfolgsgeheimnis einer Fußballnation . . . 83
- Jahrhundertspiel – Heißes Drama . . . . . . . . . . . . . . . . . 87
- Kaiserschmarrn – Gegen alle Logik . . . . . . . . . . . . . . . . 90

- Kevin Kuranyis Flucht – Die Disco ruft 93
- Linekers Spruch – Der englische Philosoph 96
- Malente – Eine Nacht, 11 Stühle und der WM-Titel 99
- Mottram Hall – Hosenlose Deutsche 104
- Poldi – Die Wahrheit über die Ballack-Watsche 109
- Querétaro – Wo Kaiser gefährlich leben 113
- Ramba Zamba – Traumfußball anno 1972 116
- Rumpelfußball – Der Tiefpunkt im Jahr 2000 120
- Sakko-Uli – Nicht gerade kleinkariert … 124
- Schande von Gijón – Unverstandene Tiki-Taka-Pioniere 128
- Schlucksee – Ballermann im Schwarzwald 131
- Schwalbe – … und ewig fliegen die Hölzenbeine 135
- Spielerfrauen – Vom Hausmädchen zur Hauptfigur 137
- Suppenkasper – Als der Stein ins Rollen kam … 142
- Turniermannschaft – Es war einmal … 144
- Ungarn – Opfer der Taktik 148
- Wasserschlacht – Noch ist Polen nicht ertrunken 151
- Wembley-Tor – Was hat denn nun gezappelt? 156
- Wut-Rudi – Waldi, Weißbier und der Standfußball 161
- Zettel – Herr Lehmann und der wahre Text 166
- Nachspielzeit: Kaiserschmarrn 171

# VORWORT

Die deutsche Fußball-Nationalmannschaft hat Geschichte und viele Geschichten geschrieben. Sie hat unvergessene Erfolge erreicht, unzählige Dramen geliefert und immer und immer wieder für Gesprächsstoff bei Fans und Liebhabern des runden Leders in Deutschland und der gesamten Fußballwelt gesorgt. Dabei gab es nicht nur Positives zu berichten ...

Viele Mythen und Anekdoten ranken sich um dieses Team, welches in seiner Wichtigkeit und Bedeutung bei den Anhängern des Sports immer ganz weit oben stand und nach wie vor steht. Viele der in diesem Buch alphabetisch gesammelten Geschichten sind natürlich den zahlreichen Sportfans bekannt. Daher wird hier der Versuch gestartet, sich der Wahrheit einmal anders, ein wenig um die Ecke gedacht, zu nähern.

Was war denn wirklich mit der deutschen Mannschaft in Cordoba 1978 los? Wieso wurde 1982 in Spanien ein neuer Fußballstil (viele Jahre später als „Tiki-Taka" gefeiert) der deutschen und der österreichischen Mannschaft so dermaßen falsch bewertet? Mit welchem Recht unterstellt man Bernd Hölzenbein noch immer, 1974 im Finale gegen die Holländer die „Schwalbe" erfunden zu haben? Und was stand eigentlich wirklich auf Lehmanns Zettel bei der WM 2006, wieso verschwindet Kevin Kuranyi urplötzlich von der Tribüne, was macht Podolskis Rechte in Ballacks Gesicht und was ist das dunkle Geheimnis rund um das Fritz-Walter-Wetter?

Diesen und vielen weiteren Fragen stellt sich dieses Buch, und um Antworten sind wir nicht verlegen. Ob diese Antworten der Wahrheit entsprechen? Das kann man nicht mit Gewissheit sagen. Aber bilden Sie sich doch selbst ein Urteil über die verrücktesten Skandale und Geschichten der Fußball-Nationalmannschaft.

Dann können Sie immer noch sagen: „Alles Schmarrn. Sogar Kaiserschmarrn!"

Oder auch nicht ...;-)


Ralf Friedrichs
Januar 2014

# ALBANIEN – ANGSTGEGNER UND SYNONYM DES SCHEITERNS

*1946 wurde, wie natürlich jeder weiß, Albanien Sieger beim international zurecht gänzlich unbekannten Balkan-Cup. Bei Welt- und Europameisterschaften hat bis dato jedoch noch niemand eine Nationalmannschaft aus dem Land der Skipetaren ausfindig gemacht. Dennoch ist die albanische Fußball Nationalmannschaft für einen „schwarzen Fleck" in der deutschen EM-Historie verantwortlich.*

Am 17.12.1967 traten elf deutsche Elite-Kicker um Stars wie Günter Netzer und Wolfgang Overath im Qemal-Stafa-Stadion in Tirana an, um den selbstverständlichen Gruppensieg in der EM-Qualifikationsgruppe IV locker und gelöst einzufahren. Den DFB-Heroen genügte seinerzeit ein läppisches 1:0 gegen die *Kombëtarja*, wie die skipetarische Elf im eigenen Land genannt wird, um vor Jugoslawien die Endrunde in Italien zu erreichen. Und das sollte ja wohl kein Problem sein, denn immerhin hatte man den fußballerischen Gnom doch im Hinspiel mit 6:0 Toren aus dem Westfalenstadion in Dortmund geschossen. Gerd Müller (vier Tore) und Hannes Löhr (derer zwei) hießen die Torschützen bei diesem Torschusstraining unter Wettkampfbedingungen. Was sollte denn da im Rückspiel bitte noch schiefgehen? Der damalige Bundesligatrainer Max Merkel, weder verwandt noch verschwägert mit der späteren Bundeskanzlerin gleichen Nachnamens, hatte vor dem Spiel gemutmaßt, dass man auch eine durchschnittlich begabte Bundesligamannschaft hätte schicken können.

Dementsprechend fehlten in Tirana dann auch Stars wie der sich angeblich in einem Formtief befindliche Gerd Müller und Nachwuchsstar Franz Beckenbauer.

Albanischer Fußballspieler in Landestracht, Kombëtarja genannt.

Zusätzlich erlaubte sich Helmut Schön den Luxus, die beiden Extrem-Edel-Egos Overath und Netzer gemeinsam im Mittelfeld den Kampf um die Spielregie ausführen zu lassen. Das hat nicht wirklich zählbares gebracht, auch weil Gerd-Müller-Ersatz Peter Meyer (Ja, genau, der „Peter Meyer Eieieieiei" aus „Zeiglers wunderbare Welt des Fußballs"!) zwar in der Bundesliga Tor um Tor erzielte, in diesem Spiel sich aber unfähig zeigte, aus fünf Metern einen (ohnehin nicht anwesenden) Möbelwagen zu treffen. Geschweige denn das (anwesende) gegnerische Netz. Der gebürtige Düsseldorfer schaffte übrigens das Kunststück, in diesem Spiel gleich zwei Nationalmannschaftseinsätze zu feiern: Sein Debüt war zusätzlich auch sein Abschiedsspiel.

Die deutsche Mannschaft spielte 90 Minuten auf ein Tor, und sie hätte Augenzeugen gemäß auch noch bis zum Millenniumswechsel oder sogar bis zum berühmten Sankt Nimmerleinstag weiterspielen können, ohne dass ein Treffer gefallen wäre. Naturgemäß kann so etwas nicht mit rechten Mitteln zugegangen sein. Der Platz war beispielsweise eher für ein Tennis-Match auf den Pariser Plätzen von Roland Garros geeignet. Hartplatz trifft Wimbledon trifft es besser, da in der Tat einzelne Rasenstücke nachgewiesen werden konnten. Das ist natürlich nichts für deutsche Fußballkünstler, die vor dem Spiel – wie u. a. Günter Netzer im Nachgang berichtete – auch noch durch Essensentzug gefügig („kein Hungerast, eher ein Hunger-

BAUM") gemacht wurden. Daher war so mancher Spieler in der Tat flink wie ein Wiesel ... allerdings eher wie ein altes, mit Arthrose geschlagenes Wiesel. Zusätzlich gab es Gerüchte, dass in dem kommunistisch regierten und normalerweise vollständig abgeschirmten Land Mao-Sprüche auf den Hotelwänden sowie beständige Beschallungen durch launig-nervend-unverständliche Reden Mao-Tse-Tungs *Psycho-Terror* auf die DFB-Delegation ausgeübt wurde.

Was auch immer, wie auch immer: Nach 90 Minuten stand es 0:0 und Deutschland war raus. Erstmals hatte es eine DFB-Elf nicht geschafft, sich für ein Endturnier zu qualifizieren. Was für eine Demütigung, was für ein Skandal!

*„Das ist eine Deprimierung."*

*(Andreas Möller)*

Allerdings, trotz dieser „Schmach von Tirana", die im Nachgang als größte Blamage des deutschen Fußballs in die Annalen einging, darf nicht vergessen werden, dass der DFB sich lange gegen die Teilnahme an Europameisterschaften wehrte. Das Turnier hatte für die DFB-Oberen die anreizende Atmosphäre von Urinstein, galt als unwichtig und kräftezehrend, gerade in Bezug auf die Weltmeisterschaften seien die Spieler überbelastet, hieß es. Aus diesem

Grund lehnte man eine Teilnahme in den Jahren 1960 und 1964 gänzlich ab und auch für die Teilnahme zur Qualifikation zum Turnier im Jahr 1968 musste sanfter Druck seitens der UEFA her, damit sich die deutschen Elitekicker in Tirana bis auf die Knochen blamieren durften.

Zumindest dies ist beeindruckend gelungen!

Bei der Qualifikation zur Europameisterschaft 1984 schien sich die Geschichte gegen Albanien dann zu wiederholen. Im letzten Gruppenspiel der Qualifikationsgruppe VI musste erneut ein Sieg her, auch hier reichte ein einfacher Sieg. Doch bis zur 79. Minute stand es im Saarbrücker Ludwigspark lediglich 1:1, bis Libero Gerd Strack vom 1.FC Köln nach einer hohen Hereingabe die deutsche Elf ins Endturnier nach Frankreich schädelte. Sein Kopfball rettete den DFB vor einer weiteren Albanien-Blamage. Im Turnier jedoch war für Deutschland dann nach der Vorrunde Sense. Dabei wurde Spaniens blondester Fußballspieler zum Sensenmann für die Elf von Jupp Derwall. Macedas Kopfball besiegelte das Ende des Turniers und schuf zugleich den Schlusspunkt von Häuptling Silberlocke. Derwall ging und Beckenbauer kam ... aber damit hatte Albanien dann recht wenig zu tun.

/ 11

# ASCOCHINGA – EIN (ALP-) TRAUM VON EINEM QUARTIER

*Ein idyllisches Fleckchen Erde inmitten anmutiger argentinischer Steppe. Die Lage kann man als ruhig und abgelegen bezeichnen. Ausgestorben wäre weit übertrieben. OK, sagen wir etwas übertrieben. Jedenfalls verbrachte die deutsche Fußball-Nationalmannschaft in diesem beschaulich-behaglichem Fleckchen 1978 ein paar besinnlich-spaßige Wochen und spielte nebenbei ein bisschen bei der Fußball-Weltmeisterschaft in Argentinien mit.*

Ascochinga wurde zu Unrecht wegen der Übersetzung „toter Hund" mit einem Negativimage behaftet. Das hatte dieser Hort der Ruhe nun wahrlich nicht verdient und ist ungerecht.

Ascochinga war übrigens auch Schauplatz eines in der deutschen Heimat gänzlich missverstandenen und rein freundschaftlichen Besuchs des alten Kameraden Rudel beim aufrechten Freund und Vaterlandsliebhaber Hermann Neuberger, seines Zeichens Präsident des Deutschen Fußballbundes. Unverständlicherweise – jedenfalls aus Sicht der DFB-Delegation – wurde dieser Umstand von der deutschen Presse als ungebührlich empfunden.

Dabei achtete man in Ascochinga sehr genau darauf, wer Zugang zum deutschen Hotel hatte und wer nicht. Unliebsame Berichterstatter, wie etwa der ehemalige Spieler und Dauernörgler Günter Netzer, der nun für die Presse aktiv war, mussten eben draußen bleiben.

Aber die Unterhaltung kam dennoch nicht zu kurz. Zunächst durften sich die Spieler an Star-Kino Filmen aus Hollywood erfreuen. Wobei leider nur ein Film gezeigt werden konnte, wie der Duisburger Spieler Bernhard Dietz später leicht angewidert berichtete. „Der Clou" mit den Schau-

Sorgte allabendlich für große Hollywood-Unterhaltung, es gab sogar mehrere Vorstellungen nacheinander: „Der Clou" mit Robert Redford und Paul Newman.

Da lacht des Herz des Pauschaltouristen. Ascochinga lockt mit einem prallen Freizeitangebot.

spielern Robert Redford und Paul Newman lief somit ein wenig öfter als geplant, gefühlte 370 mal, wie Dietz sich erinnert. Aber wer kann auch ahnen, dass die anspruchsvollen Herren Nationalspieler gleich mehrere Filme sehen wollen. Zu verwöhnt sollte man sich doch besser nicht geben, das kommt schließlich auch bei den Fans nicht gut an.

Jedoch, der DFB hatte keine Kosten und Mühen gescheut und so wurde Ascochinga auch zur Bühne diverser Freiluftkonzerte des Hammondorgel-Kaisers Franz Lambert.

Hitparade rauf und runter: An dieser Hammond-Orgel hat schon Berti Vogts gesessen. Künstler vereinen sich in Ascochinga ...

Das Lodern in den Augen der Nationalspieler, wenn Lambert auf der Orgel mit Welthits zum Training animierte, funkelte auch bei hellem Sonnenschein gut sichtbar über die Hotelanlage. Vor allem bei Berti Vogts, der bis heute Franz Lambert freundschaftlich verbunden ist und sich in Ascochinga gerne an der Orgel ablichten ließ. Aber auch dem letzten Ersatzspieler lachte das Herz im Leibe, wenn „die Musi" spielte und „El Condor Pasa" und andere südamerikanische Klassiker erklangen ... da gibt es doch wohl wirklich nichts zu meckern?

Also, an Ascochinga kann es ja nun wirklich nicht gelegen haben, dass diese Weltmeisterschaft für Deutschland kein Erfolg wurde ...

„Ich bin mir sicher, unserer Mannschaft wird nichts passieren."

*(Mannschaftskapitän Berti Vogts bei der WM 1978 in Argentinien über die Brutalität des dortigen Militärregimes)*

# BATTISTON-FOUL – WAS WIRKLICH GESCHAH

*Eines der bekanntesten Fouls des Weltfußballs, so die offiziell-falsche Darstellung. Bei der Fußball-Weltmeisterschaft 1982 in Spanien trafen Deutschland und Frankreich im Halbfinale in Sevilla aufeinander.*

In der 50. Minute wurde der französische Abwehrspieler Patrick Battiston beim Spielstand von 1:1 eingewechselt und dieser lief nur kurz darauf, nach einem langen Steilpass, recht zügig auf das deutsche Tor zu. DFB-Torwart Toni Schumacher hatte frühzeitig die Gefahr für sein Tor erkannt und sich entschlossen-motiviert auf Ball und Gegenspieler gestürzt. Als der Schlussmann spürte, dass er den Ball nicht mehr erreichen konnte, drehte er im Sprung die Hüfte sanft zur Seite, um eine Kollision zu verhindern. Battiston jedoch machte keine Anstalten, Schumacher auszuweichen, sondern ließ den Zusammenprall einfach geschehen. Dabei grub er brutal zubeißend seine Zähne in Schumachers Hüfte.

Lediglich der bestens austrainierten Körperstruktur Schumachers ist es zu verdanken, dass der deutsche Torwart keine bleibenden Schäden zurückbehielt. Jedoch verlor Übeltäter Battiston gleich zwei seiner Zähne. Angeblich zog sich der Franzose auch noch eine Gehirnerschütterung und eine Wirbelverletzung zu. Es gibt jedoch Stimmen, die unterstellen, dass Battiston mit einer gespielten Ohnmacht lediglich den Schiedsrichter ob seines Fouls milde stimmen wollte. Bewiesen werden konnte dies bis dato nicht.

> „Seither bemühe ich mich, bei jeder leichten Berührung, bei jedem Zusammenstoß, bei jedem Foul im Gegner zuerst den Menschen zu sehen."
>
> *(Toni Schumacher später über seine Erfahrungen aus dem Battiston-Skandal)*

Schumacher selbst verhielt sich nach der geschilderten Szenerie vorbildlich. Aus Deeskalationsgründen verzichtete er auf heuchlerische Maßnahmen, etwa sich um den schauspielernden Battistion zu kümmern. Warum auch? Er war ja der Gefoulte.

Der Schiedsrichter jedoch hatte die Attacke Battistons leider nicht gesehen. Er ließ mit Abstoß für Deutschland weiterspielen, da Battiston den Ball vor der Szene noch am

Die Sekunde vor dem Foul ... Battistons Zähne sind gespitzt und bereit für den fiesen Biss in Toni Schumachers Hüfte. Schlimme Bilder ...

Kasten vorbeisetzte und vermutlich aus Ärger über die vergebene Großchance zubiss.

Nach dem Spiel erklärte der altruistisch-sensible Schumacher sich ehrlich bereit, Battistion bei der Beschaffung von Zahnersatzmaterial finanziell behilflich zu sein ("Isch zahl dem Jung die Dschäkkett-Kronen!") Eine Aussage, die ihm merkwürdigerweise auch noch negativ ausgelegt wurde.

Überhaupt kam es nach dem Spiel zeitweise zu diplomatischen Verstimmungen zwischen den beiden Staaten.

Urteilen Sie selbst: Dieser freundliche junge Mann, von allen nur Toni genannt, soll ein Foul gespielt haben?

Dies geschah sicher auch aus Ärger über das sportliche Ergebnis. Letzten Endes gewann Deutschland mit insgesamt 8:7 nach Elfmeterschießen und zog in das WM-Finale ein. Schumacher hielt dabei zwei Elfmeter, dies trotz der seelischen Belastung, kurz zuvor eines der schlimmsten Fouls der WM-Geschichte erduldet haben zu müssen.

Auf gegnerischer Seite versuchte man danach schnell, die Schuld auf den deutschen Torwart abzuwälzen. Ja, die Tatsachen wurden sogar so weit verdreht, dass zeitweise sogar von einem Foul Schumachers die Rede war.

Verstehe einer diese Franzosen ...

# BELGRADER NACHTHIMMEL – UFOS!

*Der Himmel über der Hauptstadt der Republik Serbien ist seit 1976 für den Flugverkehr nur eingeschränkt nutzbar, da seit jenen Tagen der Fußball-Europameisterschaft dort ein Flugobjekt vermutet wird, welches nach wie vor für Irritation und Gefahr sorgen könnte.*

Weniger Gefahr strahlte dieses Fluggerät – man vermutet, dass es sich um einen handelsüblichen Fußball handelt – für das Tor der damaligen CSSR aus. Und dabei wollte der Schütze, ein gewisser Uli Hoeneß, es doch besonders gut machen. Aber eines nach dem anderen.

Im Finale der Europameisterschaft 1976 traf Deutschland auf die Tschechoslowakei. Und wieder geriet man – wie schon im Halbfinale gegen Jugoslawien – nullzwei in Rückstand. Da war es Dank den Kölnern Dieter Müller (3 Tore) und einem Treffer von Heinz Flohe nach Verlängerung und einem extrem spannenden Spiel mit einem 4:2 Sieg noch mal gut gegangen.

Auch im Finale sah es für die deutschen Drama-Spezialisten nach einer Wende aus, Dieter Müller und in der allerletzten Minute auch noch Bernd Hölzenbein, der Elfer-Schinder von 1974, schafften irgendwie noch den Ausgleich. Es ging also in die Verlängerung und als dort nichts mehr passierte ins Elfmeterschießen. Gab es das überhaupt schon mal in einem großen Finale? Nein, das war ein Novum.

Es fing gut an, alle Deutschen trafen: Bonhof, Flohe, Bongartz. Blöd nur, dass der Maier Sepp, die „Katze aus Anzing" wie er liebevoll von sich selbst genannt wurde, nichts hielt. Ein Elfmeterkiller war er wahrlich nie und daraus wurde auch in diesem Spiel nichts.

Und dann kam Uli Hoeneß!

Schon 1974 versemmelte Hoeneß einen Strafstoß im wichtigen Spiel gegen Polen. In der Wasserschlacht von Frankfurt konnte man diesen Lapsus jedoch noch korrigieren und zog dennoch ins Endspiel ein.

Jedenfalls stockte Deutschland kollektiv der Atem, als der blonde Münchner unsicheren Ganges

Der junge Hoeneß spielte früher in Nürnberg: Sammelbild aus dem Bergmann-Verlag (1969).

Richtung Punkt taumelte. Der Blick offenbarte Anzeichen einer gewissen Panik. Die Frisur saß auch nicht richtig und der Ball, der da vor seinen Füßen lag, wirkte wie ein Felsbrocken, den kein Mensch zu bewegen vermochte.

> „Uli Hoeneß und Lothar Matthäus haben wieder normalen Verkehr miteinander."
>
> (Karl-Heinz Rummenigge)

Gerade dieser Eindruck bewegte Hoeneß wohl dazu, den Ball mit besonders viel Schmackes Richtung tschechisches Gehäuse zu befördern. Das Vorhaben, den Ball hart zu treffen konnte in die Tat umgesetzt werden, das Spielgerät entwickelte daraufhin allerdings eine nicht für möglich gehaltene Dynamik, die einem Raketenabschuss auf Cape Canaveral ähnelte.

Der Ball schoss wie ein Strahl über das Tor der Tschechen und wurde seitdem am Belgrader Nachthimmel auch nicht mehr gesichtet. Schade, schließlich sind hinter der Hand geäußerte Vermutungen, der Ball sei in gewisser Weise technisch „bearbeitet" worden, nicht völlig von der Hand zu weisen. Wie sonst soll Hoeneß, dessen schärfste Schüsse von allen Kollegen noch freundlich als „bestenfalls Einwürfe" bezeichnet wurden, einen solchen Wumms bewerkstelligt haben?

War der tschechische EM Sieg von 1976 also in Wahrheit ein skandalöser Betrug?

Solange der Ball nicht gefunden wird, kann diese Mutmaßung nicht belegt wurden. Astronomen wollen jedoch ein winziges Objekt per Spezialteleskop im All gefunden haben, welches dem Spielgerät aus dem Jahr 1976 verblüffend ähnelt.

Das nächste Mal wird dieses Objekt im Jahr 2147 die Erde passieren. Eventuell wird man dann die Antwort auf diese uralte Frage der Fußball-Menschheit endlich finden …

Übrigens, 1976 folgte auf den merkwürdigen Hoeneß-Elfmeter ein Ereignis, welches die Welt noch nicht gesehen hatte. Bis heute gibt es kein Wort für dieses Schüsschen des Schnauzbarts, Antonin Panenka, Oberlippenbartträger und Mittelfeldmann der Tschechen. Er schoss seinen entscheidenden Elfer mitten aufs Tor, … und zwar mit der Kraft und Geschwindigkeit eines etwa zehnjährigen Hinterhofkickers. In die Mitte des Tores! Nur gelupft! Mit voller Absicht! Einfach so! Und das Ding ging rein! Frechheit!

# BUNDESTRAINER BREITNER – EINE NACHT LANG REVOLUTION

*Die Weltmeisterschaft 1998 lief für den deutschen Fußballbund alles andere als cremig. Beim Welt-Turnier zeigte die Elf, die sich zum Großteil aus merklich gealterten 1990er Weltmeistern zusammensetzte, Rentnerfußball der unerträglichsten Art. Gegen Kroatien schied Bertis Rollator-Gang sang und klanglos im Viertelfinale mit 0:3 aus, die Tage von Bundestrainer Vogts waren gezählt.*

Doch Vogts wäre kein echter Terrier, hätte er sich nicht an seinem Job festgebissen. Für zwei Freundschaftsspiele reichte es noch, da die deutsche Elf aber weiter vor sich hin dilettierte, hatte der für das Gardemaß etwas zu kurz geratene Übungsleiter ein Einsehen und zog sich freiwillig vom Amte zurück. Eine Nation atmete auf …

Nun schlug die große Stunde des Kartoffelhändlers Egidius Braun aus dem beschaulich-schönen Aachen. Der leicht tüdelige DFB-Präsident, Herr über 6,2 Millionen Mitglieder und verantwortlich für einen Jahresumsatz von damals über 100 Millionen DM, übernahm die Nachfolgesuche höchstpersönlich. Das machte Sinn, denn Braun speiste sein Wissen über die Welt des Fußballs vornehmlich aus der Lektüre einer Aachener Lokalzeitung, die sicher ganz vorne dabei war, wenn es um den Pulsschlag des deutschen Fußballs ging.

Dennoch gab es Zweifel im Lande der Fußball-Experten. Einer, der immer als zurückhaltend und scheu bekannt war, hieß Paul Breitner, seines Zeichens Weltmeister von 1974 und Elfmeterschütze des Ausgleichs im Finale von München. „Diesen DFB-Herren geht es nur darum, mit ihren Hintern auf ihren Pöstchen zu bleiben", zitierte Paul Breitner nach seiner flüchtigen Erfahrung mit Egidius Braun den Reportern in die Blöcke. Manchem DFB-Mitarbeiter schien das zu passen, man war der Meinung, dass „erst eine Revolution vernünftige Strukturen" auf den Weg bringen kann.

Der Blick auf diesem Sammelbild verrät schon 1970 den künftigen Bundestrainer.

Bundestrainer Ribbeck statt Breitner: Darauf muss man erst einmal kommen!

Mittlerweile hatte Egidius Braun bereits ganze Arbeit geleistet und sich zur öffentlichen Belustigung bereits diverse Absagen eingehandelt, u. a. die von Jupp Heynckes, mit dem er sich aus seiner Sicht bereits einig schien. War dumm gelaufen …

So klingelte eines schönen Abends gegen 20:30 Uhr im schönen Brunnthal in Oberbayern ein Telefon, nämlich das des einstigen Nationalspielers Paul Breitner. Der 17-jährige Sohn Max reichte den Hörer an den verdutzten Ex-Spieler weiter: „Du, Papa, ein Herr Braun ist dran."

Die Familie Breitner war wie vom Donner gerührt, als sie sodann erfuhr, dass der Hausherr, zur Zeit immerhin E-Jugend-Trainer beim TSV Brunnthal, plötzlich die Offerte erhielt, Bundestrainer zu werden. „Mir ham scho an Spaß gehabt dahoam", soll Sohn Max damals berichtet haben, „kommt ja net so oft vor, dass der Vater Bundestrainer wird." Auch Braun quillt über vor Freude – seinem neuen Partner Breitner gibt er mit: „Diese Idee revolutioniert die Welt", und: „Endlich habe ich eine gute Presse." Und dennoch fragt er sich selbst: „Bin ich wahnsinnig geworden?"

*„Ich habe nur immer meinen Finger in Wunden gelegt, die sonst unter den Tisch gekehrt worden wären."*

*(Paul Breitner)*

Egal! Jedenfalls darf sich der Brunnthaler E-Jugendtrainer diese eine Nacht als neuer Bundestrainer der deutschen Nationalmannschaft fühlen. Was mag in Paule vorgegangen sein, als er während der Nachtruhe vermutlich die Strukturen des DFB pulverisierte und die Mannschaft nach seinem Gusto zusammenzimmerte? Welche Revolution hätte „uns Paule" wohl als erstes angezettelt? Die Zwangsausweisung sämtlicher DFB-Funktionäre? Die Einführung der Bayern-Hymne?

Wir werden es nie erfahren, denn schon nach wenigen Stunden war die Revolution vorbei: Am nächsten

Vormittag erfuhr Braun, dass sein neuer Lieblings-Bundestrainer in der Münchner „Abendzeitung" Brauns Rücktritt wegen Inkompetenz gefordert hatte. Braun meldete sich also hochempört erneut in Brunnthal, und diesmal fiel das Telefonat nicht ganz so freundlich aus: „Vergessen Sie es!" So soll Braun die Entlassung des noch nicht einmal eingestellten Paul Breitner verbal umgesetzt haben. Immerhin, so blieb wenigstens der E-Jugend des TSV Brunnthal der Trainer erhalten.

*Bayern-Star Paul Breitner – in Verbindung mit der „Initiative Kontaktlinsen im Sport" aktiv – beim Sehtest.*

Aus: Münchner Merkur

Immerhin, Jahre später wurde das neue Maskottchen des DFB offensichtlich nach Breitner benannt. Ein Adler namens „Paule" sorgte nun für Stimmung im DFB-Laden, ein irgendwie komischer Vogel ... eine vergleichende Wertung wollen wir hier natürlich nicht vornehmen.

Ach ja, Braun sorgte wie erwartet weiterhin für Heiterkeit, schließlich fiel seine Wahl für das Amt des Bundestrainers auf den sonnenbadenden Rentner Erich Ribbeck und dem gar nicht so kleinkarierten Uli Stielike (siehe: Sakko-Uli) als Co-Trainer. Zwei mehr als überraschende Personalien, auf die man erst mal kommen muss. Hut ab!

# CORDOBA – SO WAR'S

*Einer der größten Mythen des deutschen Fußballs. Wir möchten an dieser Stelle ein Dokument präsentieren, welches sich mit der 3:2 Niederlage der deutschen Fußballnationalmannschaft gegen Österreich von 1978 bei der Weltmeisterschaft in Argentinien befasst. Das Spiel in Cordoba ist zum Synonym der Fußballgeschichte zweier Länder geworden.*

Nach Studium des vorliegenden Protokolls erscheint dieses Spiel nun in einem völlig neuen Licht. Hier nun die Abschrift der Halbzeitansprache von Trainer Helmut Schön an seine Mannschaft.

**Helmut Schön:** Männer, das läuft ja ganz ordentlich bisher. Wir führen 1:0. Kalle, gut gemacht dein Tor, du bist mein Bester, mach so weiter.

**Kalle Rummenigge** *(errötend)*: Danke Trainer!

**Helmut Schön:** Nun, Männer, habe ich eine wichtige Frage an euch. Kurz bevor das Spiel begann, hat sich die medizinische Abteilung an mich gewandt. Ihr habt ja alle diese harmlosen Vitaminspritzen bekommen, oder?

Emsiges Bejahen, Nicken und Bestätigen des Teams …

**Helmut Schön:** Fein! Oder besser gesagt, nicht so fein. Spürt einer von euch eine … nun ja, Veränderung seines … ähhh, Wesens?

Schweigen im Spielerkreis, man hört verlegenes Hüsteln und leichtes Stollengetrappel. Mehr jedoch nicht. Dann meldet sich der Kapitän zu Wort.

**Berti Vogts:** Nun ja, Trainer. Also ich weiß nicht genau, wie ich das jetzt sagen soll. Aber irgendwas ist schon anders. Irgendwie … nun ja, spüre ich ein gewisses Verlangen.
**Helmut Schön:** Brav Berti! Und wonach verlangt es dich?
**Berti Vogts:** Jaaa, … also hmmm. Na gut, nach Liebe, Zärtlichkeit, Nähe, Streicheleinheiten und vielleicht auch … ja, vielleicht auch ein bisschen mehr als das …
**Helmut Schön:** Was denn? Definiere es näher.
**Rüdiger Abramczik:** Poppen! Mir geht dat jedenfalls so … un schummrig ist mir auch vor die Augen.
**Manni Kaltz:** Mir auch, jedenfalls die letzten 10 Minuten. Und ich könnte den Krankl knutschen, so was ist sonst gar nicht mein Ding.

**Rüdiger Abramczik:** Und ich geh dem Prohaska gleich noch an dat Föttken. Glaubt mir Männer, dafür wirste im Pott normalerweise getötet, wenn du so wat in der Kabine sachst.

**Helmut Schön:** ... und das geht euch allen so?

*Eifriges Nicken und betretenes zu Boden schauen.*

**Helmut Schön:** Dann muss ich es euch sagen, Männer. Unsere medizinische Abteilung hat aus noch ungeklärten Gründen wohl einen schweren Fehler begangen. In der Spritze waren – warum auch immer – keine Vitamine. Ihr habt nach erster Probe unserer Mediziner scheinbar alle einen starken Mix verschiedener Aphrodisiaka erhalten. Normalerweise ist das wohl ein Mittel zur Luststeigerung für Männer über 60, so wie mi .... also für ältere Herren halt. Auch wenn wir uns den Vorgang nicht erklären können, tut es der medizinischen Abteilung und mir natürlich sehr leid.

**Erich Beer** *(schmachtend)*: Nicht schlimm, Mützen-Mausi ... wir haben dich trotzdem ganz dolle lieb ...

**Helmut Schön:** Aber Erich, ... nun gut, das ist ja auch eine der Nebenwirkungen. Das Zeugs steigert nicht nur die sexuelle Lust, es fördert auch eine starke Anhänglichkeit und das Verlangen nach Körpernähe, egal welchen Geschlechts.

**Erich Beer:** ... will kuscheln ... und dann Schläfchen machen *(gähnt laut und herzhaft)*

„Wir müssen gewinnen, alles andere ist primär."

*(Hans Krankl, österreichischer Rekordtorschütze und späterer Nationaltrainer)*

**Helmut Schön:** Tja, müde macht es auch noch. Nach einem körperlichen Kraftakt – in diesem Fall die erste Halbzeit – verfallt ihr alle in eine extreme Müdigkeit. Der eine früher, der andere später. Beim Erich ist es schon so weit, der ist eingeschlafen.

In der Tat schläft Erich Beer, selig lächelnd an der Schulter von Bernhard Dietz angelehnt, bereits den Schlaf des Gerechten.

**Berti Vogts:** Was machen wir denn nun, lieber Trainer. Wir mögen die Österreicher ja, gewinnen will ich aber trotzdem. Obwohl ... *(schwelgend)*, der Krankl guckt so lieb ... vielleicht helfe ich ihm noch ein wenig beim Tore schießen, dem Schnuckel.

**Helmut Schön:** Um Gottes Willen, wir wollen Weltmeister werden! Aber wir helfen euch mit unseren spontanen Gegenmaßnahmen, ... ahh, da kommt ja schon unser Spezialmix ...

*Ein Mitarbeiter des DFB erscheint plötzlich mit einem Küchenwagen voller Kaffeekannen in der Kabine. Drei weitere DFB-Kollegen schwenken laut schreiend rote Fahnen. Man hört Begriffe wie ...*

„... Aggressivität, ... gemein sein, ... Blutgrätschen, ... umnieten ..."

„Um eines mal endgültig klarzustellen: Ein Trainerstab ist kein Vibrator."

*(TV-Moderator Harald Schmidt)*

**Helmut Schön** *(Laut rufend):* Dieser extrem starke Kaffee macht euch wach. Trinkt alle davon und zwar reichlich.

*Die Spieler bedienen sich reichlich vom fast zähflüssigstarken Kaffee. Die Fahnenschwenker springen und laufen währenddessen mit wehenden, roten Fahnen durch die Kabine, sie fletschen die Zähne und schreien weiter ihre Parolen.*

„Haut sie um ... Ösis sind Dösis ... Foul spielen ... hinterhältig sein ..."

**Helmut Schön** *(wieder laut rufend):* Die Leute steigern durch ihre Rufe wieder eure verloren gegangene Aggressivität. Rote Farbe macht wütend, kennt man von den Stierkämpfen. Verbale Anfeuerung stachelt an. Das ist also nur zu eurem besten.

„… Meniskus und das Wadenbein, wollen jetzt gebrochen sein …"

**Rüdiger Abramczik:** Fühle mich schon wieder besser, Trainer. Will dem Prohaska nun nicht mehr an dat Föttken, sondern die Schienbeine polieren … is dat en erlaubter Körpernähenwunsch?

*Die DFB Mitarbeiter steigern sich in einen Rausch:* „… **Knochenbrecher … Rippenprellung … Pferdekuss …**"

„Sex vor einem Spiel? Das können meine Jungs halten, wie sie wollen. Nur in der Halbzeit, da geht nichts."

(Berti Vogts)

**Helmut Schön:** OK, ihr müsst wieder raus, Schiedsrichter Abraham Klein hat bereits im Gang zur zweiten Halbzeit gepfiffen. Hansi Müller ersetzt den schlafenden Problem-Beer … für taktische Anweisungen haben wir keine Zeit mehr. Nun gewinnt mal schön, Jungs.

*Die Spieler stehen auf und begeben sich Richtung Gang, der zum Spielfeld führt. Lediglich der schlafende Erich Beer bleibt natürlich liegen. Die Motivationsfahnenschwenker begleiten den Tross noch und erledigen weiter ihren Job:*

„… Wegpölen, … umhauen, … Stollenschlitzer …"

*Helmut Schön bleibt noch einen Moment alleine in der Kabine, da schlendert im Gang auch bereits die österreichische Mannschaft Richtung Spielfeld. Auch Trainer Senekowitsch ist dabei, sieht aber so gerade noch den in sich versunkenen Helmut Schön im Raume sitzen. Senekowitsch geht auf Schön zu und spricht ihn an.*

**Senekowitsch:** Grüß Gott, Herr Kollege … bevor es gleich weitergeht, habe ich eine etwas delikate Frage. Unsere medizinische Abteilung hat gestern nach dem Abschlusstraining einen Koffer gefunden, der voller harmloser Vitaminspritzen war … dafür ist unser Medizinkoffer, das gleiche Modell übrigens … nicht mehr aufzufinden. Ist der vielleicht bei euch aufgetaucht? Da war nämlich ein Geschenk für die FIFA Kommission drin, etwas woran ältere Herren ihre Freude haben werden …

**Helmut Schön** *(entsetzt)*: Wie war das gerade?

**Senekowitsch:** Ah, Sie habens net g'funden. OK! Falls aber doch, bitte eines beachten. Niemals mit Kaffee mischen, das steigert zehn Minuten nach Einnahme die Wirkung der Müdigkeit. Einen schönen Gruß an die Gemahlin und ein gutes Spiel noch …

Da fehlen die Worte: Nachwirkungen der medizinischen Behandlung in Cordoba.

# DDR – NETZER EBNET DEN WM-WEG

*Am 22. Juni 1974 erwiesen sich die DFB-Strategen wieder einmal als lenkungsfähige Mitmenschen und erteilten der Delegation der DDR eine Lektion in Sachen taktischer Planung. Ja, man kann sogar von einem Meilenstein der zweckdienlichen Konzeption sprechen.*

Bei der Fußball-Weltmeisterschaft 1974 in der damaligen Bundesrepublik Deutschland ging es im letzten Gruppenspiel der Finalrunde sportlich lediglich um den Sieg in Gruppe 1. Man konnte also dieses Spiel getrost verlieren, dadurch ersparte man sich den Gang in die schwere Gruppe mit Brasilien, Argentinien und Holland (siehe auch: Nacht von Malente). Diesen Spaß der besonderen Art wollte man der DDR gönnen.

Insofern war die Vorbereitung auf das Spiel eher gemütlich ausgeprägt und im Spiel selbst ging man auch nicht volles Risiko, sondern schonte eher Muskulatur und Knochen für die kommenden Aufgaben. Allerdings war das Spiel in der Öffentlichkeit mit hoher Brisanz versehen, schließlich trennte die beiden Deutschlands nicht nur eine Mauer, sondern auch die gesamtpolitische Grundausrichtung.

Wie auch immer, das Spiel stand lange Zeit 0:0 und der hoch favorisierten bundesdeutschen Auswahl gelang es, ihre spielerische Überlegenheit nicht in der Statistik zählbare Erfolge umzusetzen. Dennoch würde die BRD bei einem Remis weiter auf dem verhassten Platz 1 verharren. Bundestrainer Helmut Schön musste also reagieren und er tat das einzig richtige: Er wechselte den Garanten für die wichtige Niederlage und damit den entscheidenden Spieler zum Gewinn der Weltmeisterschaft ein: Günter Netzer!

> „Ich hoffe, dass die deutsche Mannschaft auch in der 2. Halbzeit eine runde Leistung zeigt, das würde die Leistung abrunden."
>
> (Günter Netzer)

Netzer wird zurecht als Spielmacher der EM-Elf von 1972 gefeiert, als sein spielerischer Genius-Status auf dem Höhepunkt war. Aus der Tiefe des Raumes und den Tiefebenen des Niederrheins kommend, hatte der langbemähnte Netzer die deutsche Elf zum überaus wichtigen und glorreichen Sieg im Viertelfinale von Wembley gegen England geführt. Der kurz darauf erfolgte EM-Titel wird zurecht dem blonden Fußballstar und Kurzzeit-Discothekenbesitzer Netzer zugeschrieben.

Bei der Heim-WM zwei Jahre später war Real Madrid-Star Netzer jedoch in der konditionellen Verfassung eines übergewichtigen Dorfkeglers, so zumindest Stimmen aus dem Mannschaftskreis. Somit war der zuvor formschwache, aber immerhin fitte Kölner Wolfgang Overath im Mittelfeld gesetzt.

„So etwas gibt es im Fußball nicht."

*(Günter Netzer bei der WM 98 auf die Frage, was passiert wenn Südkorea gegen Holland gewinnt)*

In den beiden ersten Spielen gegen Chile und Australien kämpfte sich Overath langsam aber sicher aus dem Formloch, erzielte gegen Australien gar einen Treffer. Doch betörend waren die Auftritte des Mannes mit den langen Haaren und noch längeren Pässen auch nicht gerade. So forderte die Öffentlichkeit mehr und mehr den „Ramba-Zamba" Experten, der für den Offensivfußball der 72er stand.

Dies geschah dann auch folgerichtig im Spiel gegen die DDR, als die Zuschauer im Hamburger Volksparkstadion mehr und mehr Nääää-tzeeeer ... Näääää-tzeeeer riefen, ging der gewiefte Plan der DFB-Planungschefs endgültig auf. Jetzt konnte man in Minute 69 Netzer bringen, der gesamten Öffentlichkeit beweisen, dass er dem Team aktuell nicht weiterhelfen kann und man bekommt sogar noch eine gewünscht-knappe Niederlage garantiert.

> „Beckenbauer war mit 21 auch nicht der Beckenbauer späterer Jahre."
>
> (Günter Netzer)

So geschah es ... Netzer kam, sah und verlor!

Es dauerte noch gute 10 Minuten, ehe sich die Mannschaft der DDR vom Schock der Netzer-Einwechslung erholt hatte. Der Spielmacher selbst indes machte das, was er zu diesem Zeitpunkt am besten konnte. Also fast nichts! Einige behaupten heute gerne, dass Netzer Auslaufen unter Turnierwettkampfbedingungen praktizierte. Jedenfalls hatte Netzer keine einzige Aktion, die man im Nachgang als erwähnenswert betrachten würde. Ein paar Einwürfe, ein paar kurze Jogging-Einheiten, sonst nichts.

In der 80. Minute gelang der DDR durch Jürgen Sparwasser endlich das für die BRD erlösende Tor zur 1:0 Sieg-Niederlage der DDR ...

Das Genie, Günter Theodor Netzer (ja, so heißt er wirklich), 1972.

Nach außen zeigte man sich entsetzt ob der Blamage gegen den „Klassenfeind". Doch wie bereits 1954 war der obersten Fußballleitung ein genialer Schachzug gelungen. Eine Niederlage wurde wissentlich in Kauf genommen, weil sie einfach besser ins Gesamtkonzept passte.

> „Da haben Spieler auf dem Spielfeld gestanden, gestandene Spieler!"
>
> (Günter Netzer)

Wolfgang Overath war ab dem nächsten Spiel gesetzt, kein Pressemensch und auch kein Fan verlangte mehr nach Netzer. Der Kölner steigerte sich in eine vernünftige Turnierform, ebenso das gesamte Team, die nun gegen Gegner wie Schweden, Jugoslawien und gegen Polen in verbesserter Form bestehen konnten. Im Finale wurde Holland letzten Endes 2:1 besiegt, da war die DDR-Mannschaft aufgrund demütigender Niederlagen gegen die Großen des Fußballsport längst wieder hinter Stacheldraht und Mauer verschwunden und schaute sich die WM mit großen, staunenden Augen im West-Fernsehen an.

... und die bundesdeutsche Mannschaft hielt den WM-Pokal in die Höhe. Wieder einmal hatte Netzer dafür gesorgt, wenn auch ein wenig anders als zwei Jahre zuvor!

Er tat es für Deutschland!

# DEUTSCHE TORHÜTER – ES KANN NUR EINEN GEBEN ...

*Deutsche Torhüter sind der Prototyp des Zerberus, die letzte Instanz zwischen den Pfosten, wenn gar nix mehr geht. Die Lebensversicherung, wenn der Rest des Kaders wenig taugt, die Garanten für Titel und die letzte Hoffnung, wenn der überragende Weltklasse-Gegenspieler alleine aufs deutsche Tor marschiert. Und natürlich müssen sie pro Turnier mindestens einen, wenn nicht mehrere Strafstöße locker parieren oder zumindest am Kasten vorbeilächeln.*

Die Herren Torhüter sind also wichtig und bedeutend. Dementsprechend bilden sich auf dieser Spielerposition besondere Charaktere heraus. Eben weil sie zumeist die Anforderungen des Publikums erfüllen können, dies aber zum Preis eines nicht immer einfachen Wesens, wie man ja nicht erst seit dem Verhältnis der Herren Oliver Kahn und Jens Lehmann weiß, die sich einen erbitterten Zweikampf um den Stammplatz im deutschen Tor bei der WM im eigenen Land im Jahr 2006 lieferten.

„Ein Torwart ohne Tor ist nur ein halber Mensch."

*(Rudi Kargus, ehem. HSV-Torhüter)*

Oliver Kahn war Welt-Torwart, Champions-League Sieger und gefühlter 456-facher Deutscher Meister und circa doppelt so oft Pokalsieger. Mit der Nationalmannschaft gewann der grimmige Olli als deutsche Nummer 1 ... NIX! Immerhin brachte er ein extrem biederes deutsches Nationalteam, noch dazu unter Nationaltrainer Rudi Völler, 2002 durch großartige Paraden in das WM-Finale gegen Brasilien. In dieser Zeit verliebte sich der Münchner Torwart in den von der Presse verliehenen Spitznamen „Titan", den er anschließend hegte und pflegte. Im WM-Finale selbst jedoch war der Druck für den bissfesten Olli dann doch ein wenig zu groß, warum sonst schmiss er nach einem Schüsschen dem brasilianischen Angreifer Ronaldo das Leder direkt in den Lauf?

Dennoch rechnete der weiter sportlich durchaus überzeugende Kahn fest mit dem Nummer-1-Status bei der WM 2006. Da hatte er aber nicht damit gerechnet, dass der neue Bundestrainer Jürgen Klinsmann eher auf Torhüter stand, die als eine Art Libero auch einen gepflegten Ball spielen konnten. Kahn hingegen war ein Vertreter der alten Schule, ein Linien-Hexer, für den das fußballerische Element eher zweitrangig war. So zog Kahn zu seinem Entsetzen die Nummer 2 für dieses WM-Turnier in der Heimat.

„Das einzige Tier bei uns zu Hause bin ich." (Oliver Kahn über Oliver Kahn)

Dadurch durfte Jens Lehmann auch endlich einmal Liebling der Nation sein. Ansonsten durch sein manchmal grotesk-skurriles Auftreten eher semi-beliebt, konnte der mit überbordendem Selbstbewusstsein ausgestattete geborene Essener die Öffentlichkeit beim 2006er Sommermärchen durch seine gehaltenen Elfmeter im Viertelfinale gegen Argentinien kurzzeitig für sich gewinnen. Übrigens, nicht ohne von Kahn zuvor kameragerecht zu diesen Höchstleistungen getrieben worden zu sein.

Wir wollen uns einmal auch einige andere Legenden etwas genauer anschauen.

Toni Turek, Weltmeistertorwart von 1954 war ein gnadenlos guter Torhüter, der dennoch immer die B-Note für den künstlerischen Ausdruck im Hinterkopf hatte. Eine Parade musste bei ihm nicht nur gut sein, die musste auch gut aussehen. Der Düsseldorfer Jung kombinierte gerne das Praktische mit dem Schönen und zumeist gelang das auch. Klar, das Risiko war hoch und so ging ab und an auch etwas schief. So zum Beispiel im Endspiel der WM 1954 als Turek und Kohlmeier sich bezüglich einer Rückgabe nicht ganz einig waren und der gute Toni den Ball mit einer Hand aufnehmen wollte. Der ungarische Spieler Czibor sagte Danke und schob die Kirsche ins Netz. Aber Turek machte dies schnell wieder vergessen. Einige der Paraden in diesem Spiel waren teilweise von einem anderen Planeten und so wurde Toni prompt von Radio Reporter Herbert Zimmermann in höhere Weihen berufen und zum wohl ersten Fußballgott der Geschichte des runden Leders ernannt. Und Weltmeister wurde Turek in diesem Spiel nebenbei auch noch.

Der Münchner Sepp Maier war ein ganz anderer Typus, obwohl er keineswegs einer guten Show abgeneigt war. Im Gehäuse selbst war er eher pragmatisch, nutzte aber gerne die Spielpausen zu gelegentlichen, lustigen Einlagen. Ein Elfmeterkiller war der Sepp aber jedenfalls nicht. Er ist der bisher einzige Torhüter, der bei einem Elfmeterschießen mit deutscher Beteiligung keinen Elfmeter gehalten hat (selbst Bodo Illgner hat sich im Halbfinale 1990 geschickt anschießen lassen, OK, der Schütze war Engländer …). Bei der EM 76 jubelten ihm die Tschechen einen Ball nach dem anderen in die Maschen ohne das Maier auch nur ansatzweise die Chance hatte, eines der Dinger zu parieren. Blöderweise war auch das Panenka-Bonbon dabei, ... jener in die Tormitte gelupfte Ball, der jeden Torwart wie einen Volltrottel dastehen lässt. Dennoch hat Maier bei der WM 74 Retter-Status erzielen können, allerdings eher als Wasserballtorwart. Im Spiel gegen die Polen zeigte er seine wohl beste Länderspiel-Leistung, aber vermutlich haben die Polen bei der berühmten Wasserschlacht eher gegen den Strom gespielt. Im Finale gegen Holland jedoch war Maier immer da, wo Cruyff und Co. hin zielten. Auch eine Leistung, ... die ihn (und Deutschland) zum Weltmeister machte.

> „Er hatte in seiner Karriere vielleicht nicht ähnliche Momente, aber ungefähr die gleichen."
>
> (Franz Beckenbauer über Oliver Kahns spielentscheidenden Fehler gegen Real Madrid. Kahn ließ 2004 im Achtelfinal-Hinspiel der Champions League in der 83. Minute einen 35-Meter-Freistoß des Brasilianers Roberto Carlos unter seinem Körper hindurch zum 1:1-Endstand ins Netz rutschen.)

Bodo Illgner ist der dritte Weltmeistertorwart, allerdings auch der unspektakulärste. Die Bezeichnung „Bodo, du bist ein Fußballgott" fiel beim Turnier 1990 recht selten, genauer gesagt, nicht ein einziges Mal. War auch schwer, da Deutschland verhältnismäßig wenig auf den Kasten bekam. Allerdings ist es wohl etwas übertrieben, wenn einige behaupten, anstatt Illgner hätte man auch einen Stuhl ins Tor stellen können.

Illgners größte Taten waren einerseits, dem englischen Elfmeterschützen Stuart Pearce im Halbfinale erfolgreich im Weg zu stehen und andererseits Andy Brehmes Rückgabe aus 25 Metern im Finale gegen Argentinien zu parieren. Ansonsten hatte der Kölner wenige Gelegenheiten sich auszuzeichnen. Aber wenn er gebraucht wurde, was er da. Zeugen haben ihn jedenfalls im deutschen Tor ausfindig gemacht. Er war also wirklich da!

„Druck habe ich nur, wenn ich morgens auf die Toilette gehe."
*(Oliver Reck, Torwart bei Werder Bremen)*

Andreas Köpke ist nach seiner Karriere nie als der ganz große Torwartheld gehuldigt worden, dabei hätte er es mehr als verdient. Im EM Turnier 1996 warf er mit seinem gehaltenen Elfmeter gegen Italien (Gianfranco Zola scheiterte am deutschen Torwächter) die Azzuri durch das 0:0 aus dem Turnier. Alleine dafür müsste man ihm lebenslang lobpreisen und huldigen. Wir haben wirklich mal Italien bei einem Turnier rausgeschmissen. Unfassbar. Und das war NUR Köpke zu verdanken. Schließlich hielt er in diesem Vorrundenspiel noch mehrere, sogenannte Unhaltbare und dadurch war Italien raus (!!!). Zusätzlich parierte er im Halbfinale beim Elfmeterschießen einen wichtigen Strafstoß. Aber gut, gegen die Engländer hält ja jeder mindestens einen.

> „Das hätte in der Türkei passieren dürfen, aber nicht in der zivilisierten Welt."
>
> (Toni Schumachers Kommentar zum Flutlichtausfall während seines Abschiedsspiels in Köln)

Ach ja, ... und Europameister wurde Köpke mit Deutschland auch noch, ... so ganz am Rande.

Toni Schumacher war der Torwart-Held der 80er Jahre, konnte jeweils bei den Welt-Turnieren 1982 und 1986 die deutsche Elf durch gehaltene Strafstöße ins Finale führen. Und er hatte auch keine Engländer nötig. 1982 brachte er mit seinen gehaltenen Elfmetern der Franzosen Didier Six und Maxime Bossis sein Team ins Finale. Auch 1986 war für Gastgeber Mexiko Schluss mit lustig, als Toni vor ihnen immer größer wurde und die Knie der Schützen schlotterten. Mit erneut zwei gehaltenen Elfern dufte Deutschland dann ins Finale. Blöderweise erwischte der Toni in den WM-Finals, vor allem im 86er Endspiel, eher gebrauchte

Tage, wenn es um die ganz große Krone ging. Aber halt, 1980 wurde Deutschland gegen Belgien durch einen 2:1 Sieg Europameister. Dabei ließ Toni Schumacher einen Elfmeter der Belgier passieren ... hmm ...

Deutsche Torhüter sind also eine Klasse für sich, die genannten bilden ja nur einen Querschnitt über den Mannschaftsteil, auf den bisher bei Welt- und Europameisterschaften am meisten Verlass war. Sie sind und bleiben der natürliche Feind gegnerischer Schützen (insbesondere englischer Nationalität) und letzten Endes sind sie doch alle ... Fußballgötter!

Danke Jungs!

# DRAMA LAMA – ROTZFRECH

*Rotzfrech war er, der Kollege Frank Rijkaard aus Holland. Als der holländische Starspieler im Achtelfinale der WM 1990 Rudi Völlers Frisur endgültig via Speichelbelegung entweihte, ging ein Aufschrei durch beide Länder. In Deutschland, weil sich Rudis Haare danach noch mehr kräuselten, somit die Frisur final ruiniert wurde ... aber auch in Holland, weil Rijkaard damit immerhin gleich zweimal gegen Deutschland traf, Oranje das Spiel aber doch nicht gewann und sich zu guter- oder aus holländischer Sicht zu schlechter Letzt wieder deutsche Weltmeisterfeiern anschauen durfte. Übrigens, wie viele Niederländer meinen, nach einer original Hölzenbein-Schwalbe (siehe Schwalbe) via Strafstoß im Finale von Rom. Angeblich „gefoulter" Spieler: Rudi „Rotz" Völler!*

„Was meine Frisur betrifft, da bin ich Realist."

(Rudi Völler)

Das eigentliche Drama – hauptsächlich für konservative Traditionalisten beider Länder – begann aber später, denn im Nachgang wurde aus dem Drama Lama fast das Drama Rama. Hatten sich die beiden Protagonisten aus deren Sicht auf dem Platz wie echte, Testosteron-getriebene Kerle duelliert, sich beschimpft, bespuckt (... OK, biss-

Rotzfrech: Frank Rijkaard 1990. OK, Rudi Völlers Frisur ist diskutabel ... aber Kritik kann man auch anders ausdrücken!

chen weibisch) und in der Kabine fast noch geprügelt, so fiel einer niederländischen Brotaufstrich-Firma (nein, nicht Rama!) nix blöderes ein, als Völler und Rijkaard in Morgenmänteln beim Frühstück im Freien abzulichten. Die beiden wirken insofern auf der Aufnahme eher wie ein Pärchen nach dem Versöhnungskuscheln und gemeinsamen Duschen in Folge einer Eifersuchtsszene beim Christopher Street Day am Vorabend.

Auf diesem Werbefoto ist alles in Butter.

Oder hat sich der „rotzfreche" Holländer auch dabei wieder eine kleine Schuftigkeit ausgedacht? Und Rudi in die Butter gespuckt? Man möchte den Verdacht, der sich nach Betrachtung aufdrängt, gar nicht zu Ende denken (würg)!

# EFFENBERGS FINGERZEIG – VORBILD FÜR MILLIONEN

*Stefan Effenberg, viel zu früh erblondeter Charakterspieler der 90er Jahre brachte es auf 35 Länderspiele für Deutschland. Bei der WM 1994 in den USA entglitt ihm wegen Flüssigkeitsmangel für einen kurzen Moment die Kontrolle über ein besonders ausgeprägtes Körperteil. Das daran die Hitze schuld war, in dessen Folge „Körperzuckungen" auftreten können, ist mittlerweile bekannt, wird aber der Öffentlichkeit vorenthalten.*

Der DFB nutzte die kurze, menschliche Schwäche des sensiblen Schöngeistes Effe und schickte den Leadertypen Richtung Heimat. In Wahrheit hatte Trainer Berti Vogts, seinerzeit in den Charts mit „Böörti Böörti Vogts", wohl eher Probleme, den stillen Star in seinem Team als gleichberechtigt zu akzeptieren. Hinzu kam eine nicht nachvollziehbare Abneigung des Bundestrainers bezüglich der bescheiden-apart auftretenden Gattin des Stefan E. Diese war mit ihrer besten Freundin, der scheu zurückhaltenden Bianca Illgner, in einen Meinungsaustausch mit Vogts getreten. Trotz der zurückhaltenden Art der beiden Damen fühlte sich Vogts in dem Dialog unterlegen und wartete anschließend nur auf eine Gelegenheit, Effenberg und damit auch das Umfeld des Spiritus Rektor des deutschen Teams loszuwerden.

Der DFB war sich anschließend nicht zu schade, Effenbergs körperliche Schwäche zu einem Affront gegenüber deutschen Fans hochzujazzen. Angeblich soll Effenberg den Stinkefinger gezeigt haben. Das Foto, welches anschließend veröffentlicht wurde, ist heute als plumpe Fälschung enttarnt worden.

Es gilt heute als erwiesen, dass die deutsche Mannschaft mit ihrem Rastelli Effenberg sehr große Chancen gehabt hätte, den WM-Titel zu verteidigen. Aus niederen Motiven seitens des DFB und seines Chef-

Das Original: Stefan Effenbergs Hand, unmittelbar fotografiert nachdem große Hitze Körperzuckungen ausgelöst hatte.

trainers wurde dem sympathischen Effenberg dieser Karrierehöhepunkt verweigert. Höchst bedauerlich.

„Die Situation ist aussichtslos, aber nicht kritisch."

(Stefan Effenberg)

Randnotiz: Bisher war der „Stinkefinger"-Skandal von Stefan Effenberg bei der Fußball-WM 1994 besonders in Erinnerung. Der Politiker Peer Steinbrück lief ihm aber den Rang ab und spielt nun seit dem Bundestagswahlkampf 2013 in dieser Liga mit. Das Magazin der Süddeutschen Zeitung zeigte ihn im Vorfeld der Wahlen in Effenberg-Pose. Im Gegensatz zu Effenberg inszenierte er sich aber als ein Rock'n'Roller der Politik: „Bei mir rockt es". SPD-Chef Sigmar Gabriel nannte ihn eine „coole Sau". Die Welt ist ungerecht!

# EINEN GOMEZ MACHEN – SCHUSSTECHNIK TEIL 1

*Ein Begriff, der erläutert, wie man eine 100 %ige Großchance weltweit mediengerecht versemmeln kann.*

Namensgeber des Begriffes ist die geniale Aktion des deutschen Nationalspieler Mario Gomez, der 2008 im Gruppenspiel der Europameisterschaft gegen Österreich einen so gut wie sicheren Treffer der Deutschen einen halben Meter vor dem Tor verhindern konnte, indem er den Ball mit elfenhafter Eleganz 20 Meter über (!) die Latte beförderte. Das Gegenstück zu „einen Gomez machen" ist übrigens „einen Ter Stegen machen".

Anmut und Eleganz in Perfektion waren notwendig, um dieses Schmankerl zu vollenden. Mario Gomez verband alles in dieser Szene! Bei der nahezu schulbuchmäßigen Körperhaltung vergaß er allerdings das Standbein und glich dies mit einer extremen Rücklage des Oberkörpers wieder aus. Diese Aktion verfolgte ihn wie ein Alp(en)

Tipp-Kick-Figuren sind ideal zum Üben, um die richtige Schusstechnik und den Unterschied zwischen Stand- und Schussbein zu erlernen.

traum. Aber drei Jahre später sollten die Zeiten, in denen er wegen dieser Aktion von den eigenen Fans zu Unrecht ausgepfiffen wurde, endgültig vorbei sein. Dem Schützenkönig der Bundesliga gelangen 2011 gleich beide Treffer zum 2:1-Sieg der deutschen Fußball-Nationalmannschaft in Österreich. Das persönliche Trauma, das ihm sein Schuss ins Himmelstor an gleicher Stelle bescherte, war überwunden. Liebevoll küsste er nach seinem Treffer zum 1:0 in der 44. Minute den Pfosten. Gomez zweiter Treffer in der 90. Minute entschied das Duell zu Gunsten der Deutschen, die damit ihren sechsten Sieg im sechsten Spiel feierten.

Dem waren diese neuartigen Erkenntnisse der Sporthochschule Köln vorausgegangen: Die für erfolgreiche Torschüsse erforderliche Körperbewegung erreicht man demnach nur bei Schüssen mit dem „Schussbein" (auch „Spielbein" genannt), wobei das andere Bein (auch „Standbein" genannt) lediglich das Umfallen verhindert. Standbeine werden für Schüsse nach neusten Studien nur selten genutzt.

Ebenso ist eine gute Kondition wichtig, da mit letzter Kraft ausgeführte Schüsse das Tor häufig verfehlen.

Das Fazit zum Thema „einen Gomez machen": Es gibt verschiedene erfolgversprechende Schusstechniken, je nach verwendeter Fußfläche, der Stellung des Fußes, der Körperhaltung, der Position des Balles und der Höhe des Tores.

„Einen Gomez machen" zählt aber nicht dazu. Mehr über die richtige Schusstechnik im nächsten Kapitel!

# EINEN TER STEGEN MACHEN – SCHUSS-TECHNIK TEIL 2

*Diese Definition erklärt, wie man als Torwart auch die sanfteste Rückgabe seitdem es Bälle aller Art gibt (eingeschlossen Wattebällchen) verpassen kann, weil sie angeblich zu hart war.*

Zu der Szene – übrigens entstanden bei einer sinnbefreiten USA-Testspielreise mit einer C-Elf 2013 gegen die USA – gehört natürlich auch der beherzt-sinnlose Versuch den kullernden Ball noch zu erreichen, bevor er die Torlinie überquert. Ziel der Aktion sind unvergessliche Augenblicke z. B. bei Jahresrückblicken oder auch die Rückversetzung in die U21, um sich dort auf das Tempo der Großen vorzubereiten. Dies ist das Gegenstück zu „einen Gomez machen", da ja hier der Torabschluss gelingt.

In der 16. Spielminute zeigte Benedikt Höwedes lehrbuchhaft die richtige Fußstellung beim sogenannten Innenseitstoß. Wie der Name schon sagt, wird der Ball mit der Innenseite des Fußes gespielt. Dieser Schuss lässt sich am leichtesten kontrollieren. Dabei gibt es einige Varianten: Je nach Fußstellung kann der Ball gerade abgestoßen oder mit einer Innendrehung abgeschossen, also geschlenzt werden.

Eine andere Variante wäre der Außenseitstoß, bei welchem der Ball mit dem Außenrist gespielt wird. Der Schuss ist in der Regel weniger schnell und kann einen starken Außen-Effet entwickeln.

„Einen Ter Stegen machen", lupenrein demonstriert vom Namensgeber höchstpersönlich.

Für besonders harte Schüsse wird der Vollspannstoß eingesetzt, wo der Ball mit dem Fußspann oder Fußrücken gespielt wird. Spannschüsse können besonders hart sein.

Hackenstoß, Piekenstoß, Hüftdrehstoß, Dropkick, Scherenschlag, Volleyschuss, Seitfallstoß oder gar Fallrückzieher wollen wir hier nicht thematisieren. Die ganz hohe Spielkunst, keine Frage, aber Höwedes entschied sich in diesem Fall für die einfachste und sicherste Variante, den Innenseitstoß, und hatte damit Erfolg.

„Für alle Zuschauer, die erst jetzt eingeschaltet haben: Das erste Tor ist schon gefallen."

*(RTL-Moderator Günther Jauch beim legendären Spiel Dortmund-Madrid am 1. April 1998, wo das Tor umkippte)*

# ENGLAND – FUSSBALL-ERFINDER OHNE FORTUNE

*Bitte festhalten! Man mag es kaum glauben, aber es stimmt wirklich: England ist das Mutterland des Fußballs! Dort wurde in der zweiten Hälfte des 19. Jahrhunderts dieser faszinierende Sport erfunden.*

Man mag sich nun fragen, was die englische Nationalmannschaft damit zu tun hat? Eigentlich recht wenig. Aber es entspricht auch einer gewissen Logik, wenn ein Erfinder einer Sache gleichzeitig auch in der Anwendung dessen die Weltspitze verkörpert. Gottlieb Daimler und Carl Benz, die Erfinder des Automobils, haben sich beispielsweise nicht die Meriten eines Fernando Alonso oder Sebastian Vettel erworben, da ihnen der Rennsport nicht zusagte. Das soll jetzt nicht heißen, dass den Engländern ihr Fußball egal sei. Sie würden ja schon gerne mal etwas gewinnen. Bloß, es will ihnen einfach nicht gelingen.

Gut, wir wollen Wembley 1966 nicht verschweigen. Allerdings hat dieser WM-Titel durch zwei nicht reguläre Tore (das 3:2 war kein Tor und beim 4:2 liefen Zuschauer über den Platz) einen gewissen Makel. Will man auf so einen Titel stolz sein? Nö!

„Die Nation, die das Fußballspiel erfunden hat, ist erniedrigt worden von dem Land, das der Welt die Kuckucksuhr gegeben hat."

*(The Daily Mirror nach einem Unentschieden von England gegen die Schweiz)*

In der Folge machte sich insbesondere die deutsche Mannschaft einen Spaß mit den eifrig-glücklosen und oftmals talentbefreiten Briten. Bei der WM 1970 ließ man ihnen im Viertelfinale die Freude, mit 2:0 in Führung zu gehen. Taktisch geschickt, denn der englische Trainer Alf Ramsey wechselte in der in der Mittagshitze von Leon (Mexiko) mit der scheinbar sicheren Führung im Kreuz siegestrunken mit Bobby Charlton seinen besten Spieler aus, um diesen für das Halbfinale zu schonen. Die DFB-Elf sagte Danke für die freundliche Mithilfe, stieg heftig aufs Gaspedal und siegte mit 3:2 nach Verlängerung durch Tore von Beckenbauer, Seeler und Gerd Müller. Dumm gelaufen für England.

1972 nahmen die Three Lions einen erneuten Anlauf, diesmal wieder in ihrer eigenen Fußball-Kapelle Wembley, um gegen Deutschland einen großen Schritt Richtung Europameisterschaft machen. Daraus aber wurde nichts, weil Günter Netzer und Co. den Tommys nicht nur ihre lange Mähne, sondern auch eine lange Nase zeigten und mit geradezu elfengeiler Dominanz mit 3:1 in England triumphierten. Zu guter Letzt durften sich die Engländer später noch die Freudenfeier der deutschen Elf beim Gewinn des Titels anschauen.

> „Ein Mittelstürmer verbringt die meiste Zeit seines Lebens im Strafraum."
>
> (Uwe Seeler)

Wir wollen natürlich nicht die Elfmeter-Demütigungen seitens der DFB-Elf vergessen. Die Taktik war einfach: Man nehme 11 Engländer, lasse sie 120 Minuten „kicken" & „rushen", bis sie von selbst zu erledigt sind, um vom Punkt aus vernünftig ihr Ziel anzuvisieren. Jeweils im Halbfinale der WM 90 und die EM 96 führte diese Zermürbungstaktik zum Erfolg. England flog jedes Mal aus dem Turnier raus und die deutsche Elf holte die Titel. Spaßig!

Auch andere Länder erlaubten sich einen Schabernack mit den Erfindern des Fußballs. Insbesondere den argentinischen Fußballgott Diego Armando Maradona würden die Engländer auch viele Jahrzehnte danach am liebsten bei Wasser und Brot (oder bestenfalls Tee mit Toast) in den Kerkern des Tower of London dahinschmachten lassen. Sein Vergehen: Er erzielte zwei Tore im Viertelfinale der Weltmeisterschaft 1986, wovon eines genial war und das andere zum Tor des Jahrhunderts gewählt wurde. Die Genialität des ersten Treffers wird jedoch von den Briten mehr als nur angezweifelt, da Maradona dazu seine Hand benutzt haben soll. Dieser jedoch beruft sich auf die Beteiligung einer höheren Instanz, die ihre Hand im Spiel gehabt haben soll. Auf den Filmaufnahmen ist die so genannte „Hand Gottes" jedoch nicht zu erkennen. Lediglich die höchst irdischen oberen Gliedmaßen des Argentiniers wirken beeinflussend auf den Ball ein, der die Engländer daran hinderte erst im Halbfinale rauszufliegen oder von Deutschland im Finale im Elfmeterschießen erniedrigt zu werden.

„England bringt jetzt drei frische Männer mit drei frischen Beinen."

*(Jimmy Hill, BBC-Kommentator)*

Ach ja, das Elfmeterschießen. Da wurde sogar bereits versucht, die Formel für vernünftige Elfmeter zu ergründen. Dr. David Lewis, Mathematiker aus Liverpool, fand die

# England – Fußball-Erfinder ohne Fortune

Englische Erfindung: Der erste Elfmeterpunkt aus dem Jahr 1902 wird zusammen mit den Kronjuwelen im Londoner Tower aufbewahrt. Als Erfinder des Strafstoßes gilt Torwart William McCrum. Der Punkt wird seither in einer Entfernung von 12 Yards (also fast genau 11 Meter) vor dem Tor angebracht.

Formel für den perfekten Elfer, übrigens im Auftrag eines Wettanbieters (!). Lewis hatte zuvor alle englischen Elfmeter bei großen Turnieren seit 1962 unter die Lupe genommen. Alleine dafür gebührt ihm die Tapferkeitsmedaille.

Mit der Formel **$(((X+Y+S)/2) \times ((T+I+2B)/4))+(V/2)-1$** wollte er den Elfmeter-Fluch für alle Zeiten bannen (haha!). Lediglich sieben (!) Variable mussten dafür stimmen: die Fluggeschwindigkeit des Balles (Velocity/V), die Zeit (Time/T) zwischen dem Aufsetzen des Balles auf dem ominösen Punkt und dem Schuss, die Zahl der Schritte (Steps/S) beim Anlauf des Schützen, die Fallzeit des Torhüters (Initial Dive/I) und natürlich müssen die vertikale (Y) und die horizontale (X) Platzierung des Balles vom Boden und von der Tormitte aus ebenso stimmen, wie die Haltung des Schussfußes (B). Alles andere ist Humbug!

„Da kam dann das Elfmeterschießen. Wir hatten alle die Hosen voll, aber bei mir lief's ganz flüssig."

*(Paul Breitner)*

Nicht verstanden? Egal ... die englischen Spieler sowieso auch nicht. Hauptsache, die Engländer bereiten dem Rest der Welt weiterhin viel Freude. Einerseits durch die Erfindung des wunderbaren Fußballsport. Für diese Heldentat kann man den Briten nicht oft genug Dank entgegenbringen. Andererseits durch die bloße Teilnahme ihrer Nationalmannschaften an Turnieren, die nicht nur aufgrund der manchmal merkwürdig agierenden Torhüter höchsten Unterhaltungswert bietet.

Wir haben sie gerne ... und deutsche Nationalmannschaften der fernen Zukunft freuen sich bereits auf den nächsten Treff am ominösen Punkt.

# FRINGSEN – KATHOLISCH KLAUEN

*Ein Begriff, der ursprünglich auf die Sylvesterpredigt des Kölner Kardinals Joseph Frings zurückgeht. Der Kirchenmann hatte in der Nachkriegszeit damit den „Mundraub" aus Gründen der Not quasi legalisiert. Viele Jahre später haben die Verantwortlichen der italienischen Nationalmannschaft diesen Begriff umgedeutet. Es kam zum „Spielerraub", welcher ebenso aus der Not geboren war, wie bei der katholischen Vorlage im Jahr 1946.*

Italiens Nationalmannschaft hatte, wie schon bei vielen Turnieren, erbärmliche Leistungen in der Vorrunde absolviert, sich aber aus nicht nachvollziehbaren Gründen irgendwie in die K.O.-Runde gemogelt. Dort schaltete man im Achtelfinale Australien mit 1:0 aus. Durch einen Lach-Elfmeter in der 95. Minute (!).

Ja, nee, ist klar!

Im Viertelfinale erhielt man zwar mit der Ukraine quasi ein Freilos, brauchte beim viel zu hohen 3:0 zwischenzeitlich aber sehr viel Glück, um die Drangphase des Gegners schadlos zu überstehen. Im Halbfinale warteten dann die Titanen aus Deutschland, gegen die man natürlich ohne jede Chance war. Eigentlich …

„Wer die absolute Gerechtigkeit will, kann nicht Fußball spielen."

*(DFB-Schiedsrichterlehrwart Eugen Strigel zur Diskussion um den Videobeweis)*

Doch die italienischen Füchse hatten das Viertelfinale Deutschlands gegen Argentinien sehr genau analysiert. Nachdem die Gauchos durch Elfmeterschießen ausgeschieden waren, wurden deutsche Spieler und Funktionäre am Mittelkreis aufgemischt, angegriffen, getreten und geschlagen. Dabei muss einem Azzuri-Luchsauge aufgefallen sein, das in einem sehr kurzen Moment, einem Sekundenbruchteil, der deutsche Mittefeldgigant Thorsten „Lutscher" Frings bei einer Abwehr eines Schlages eine Bewegung unterlaufen war, die einem leichten Schlag in Richtung des argentinischen Schlägers Julio Cruz ähnelte. Hier wurden die italienischen Freunde hellhörig und ganz schnell auch aktiv. Die FIFA wurde unterrichtet, dabei wurde das TV-Material eines (Zufälle gibt es …) italienischen Fernsehsenders als Beweis mitgeführt.

Die FIFA Kontrollkommission jedenfalls ließ sich durch die typisch dauer-lamentierenden italienischen Funktionäre (Ja, so sind sie!) weichkochen und sperrten Frings für das Halbfinale. Das hämische Grinsen der Pasta-Vertreter war daraufhin tagelang in das Gesicht jedes Beteiligten eingemeißelt. Das konnte doch jeder sehen, der hinsehen wollte. Saubande!

Im deutschen Lager war der Ausfall von Thorsten Frings ein Schock. Frings selbst plante noch in gleicher Nacht einen Angriff auf das italienische Hotel und konnte nur mit sanfter Gewalt durch Super-Klinsi von diesem Kommandounternehmen abgebracht werden.

Letzen Endes erwies sich der Ausfall als entscheidend, Deutschland unterlag dem Außenseiter Italien mit 0:2. Das „Fringsen 2.0", der Spielerraub, hatte sich für Italien bezahlt gemacht.

Wann endlich werden die Italiener durch eine deutsche Mannschaft für das Leid, das sie unserer Nation angetan haben, bei einem Großturnier zur Rechenschaft gezogen?

Und die Moral von der Geschichte: Wer sich schlagen lässt, wird gesperrt. FIFA-Logik, die einleuchtet. Schließlich provozierte man den Gegner durch Passivität. Rudi Völler hatte mit dem Spuck-Lama schon ähnliche Erfahrungen machen müssen (siehe Kapitel Drama Lama).

# FRITZ-WALTER-WETTER – DAS DUNKLE GEHEIMNIS

*Ein wichtiges taktisches Mittel des deutschen Trainers Sepp Herberger, welches den ersten Titel des DFB beim 3:2 über Ungarn, das so bezeichnete „Wunder von Bern", im Jahr 1954 erst möglich gemacht hat. Bisher hatte man geglaubt, dass der beste Spieler der deutschen Elf, die Legende Fritz Walter, bei Regen seine besten Leistungen zeigt.*

Als Folge einer Malariaerkrankung konnte er angeblich nur bei dem regnerischen Fritz-Walter-Wetter das persönliche Top-Niveau abrufen.

Das war natürlich völliger Kokolores, denn die deutsche Mannschaftsleitung hatte lediglich gemerkt, dass die Schweizer Wetterlage durchgängig Regen während der WM lieferte. Insofern wurde in Absprache mit Fritz Walter selbst der Plan ersonnen, diese Aussage als eine Art „Placebo-Effekt" für die zum Teil sehr verunsicherten Mitspieler in die Welt zu setzen.

Fritz Walter spielte bei dieser WM tatsächlich in einer guten Form, mit dem Wetter hatte das aber rein gar nichts zu tun. Das aber wussten seine Mitspieler nicht, die bei jedem Regentropfen wieder Mut fassten und regelrechte Freudentänze aufführten, da sie ja nun wussten, dass „ihr Fritz" nun wieder „sei Wedder" hatte. Dass sie selbst dadurch geschätzte 20 % mehr Willen, Leidenschaft und Zuversicht schöpften und dadurch besser spielten, blieb ihnen verborgen.

> „Es hat hier in Hannover bis gestern Abend geregnet. Heute Morgen hat es aufgehört."
>
> *(ZDF-Reporter Werner Schneider während des Pokalendspiels 1972)*

Herberger ging sogar soweit, vor dem WM-Endspiel die Ungarn damit zu verunsichern. Am Abend vor dem Endspiel in Bern besuchte ein ungarischer Journalist das Lager der deutschen Mannschaft in Spiez. Dort fragte er den Bundestrainer, ob er wirklich glaube, dass seine Mannschaft im Endspiel eine Chance hat gegen die Ungarn. Herberger erwiderte, dass Deutschland Ungarn zwar spielerisch unterlegen war, aber die Sache anders laufen könnte, wenn es denn am 4. Juli regnen würde.

Dem technischen Fortschritt sei Dank: Das Fritz-Walter-Wetter kann heute künstlich mit Rasensprengern erzeugt werden.

Diese Erkenntnis wurde der ungarischen Mannschaft zugetragen. Als es dann am Endspieltag tatsächlich regnete, kam es zum von Herberger gewünschten Szenario: Die deutsche Mannschaft fasste Zuversicht, freute sich und redete trotz der Außenseiterrolle bereits über den möglichen WM-Gewinn. Bei den Ungarn hörte man nur den Satz: „A francba, esik az eső!" („Scheiße, es regnet!").

Ab diesem Moment hatte Ungarn praktisch keine Chance mehr. Schon ein Fuchs, dieser Sepp Herberger!

Es soll in diesem Moment übrigens nicht unerwähnt bleiben, dass es bereits 1950 erste Versuche gab, durch die „Impfung" von Wolken mit Salzen und anderen Chemikalien, künstlichen Regen zu erzeugen. Ob auch hier eine Einflussnahme seitens der deutschen Teamleitung vorlag, konnte nie erwiesen werden. Anfragen diesbezüglich beim DFB wurden (unschuldig ein Liedchen vor sich hin pfeifend) bisher mit einem „Davon ist hier im Hause nichts bekannt" abgewiesen.

# FÜHRUNGSSPIELER – FRÜHER WAR ALLES BESSER

*Muss man haben, sagen die einen. Der Star ist die Mannschaft, sagen die anderen. Der sogenannte Führungsspieler fehlt der deutschen Nationalmannschaft in der Aktualität eigentlich immer. Erst in der Nachbetrachtung werden ehemalige Nationalspieler zumeist zu Führungsspielern. Meistens werden sie sogar von sich selbst ernannt. Oder warum verlangt Olli Kahn so oft nach Führungsspielern und erzählt dann, wie es in seiner Zeit so gelaufen ist?*

Die Führungsspieler-Debatte wird vor allem deshalb so gerne und exzessiv geführt, weil sie so wunderschön personenbezogen abläuft. Anders als die abstrakte Erörterung um Taktik und Spielsystem, bei dem sich die Argumente häufig wie binomische Formeln anhören (4-3-2-1, 4-4-2, Doppelsechs, falsche Neun), strotzt der Führungsspieler-

Leitwolf: Der junge Lothar, bevor er zum Kopf der Nationalelf wurde.

Diskurs vor prallem Leben: „Der Effenberg hat mal dazwischengehauen und gezeigt wo es langgeht!" „Michael Ballack war einer, der mutig vorangeht!" „Seit Matthäus nicht mehr da ist, läuft die Nationalelf kopflos herum!"

Dabei begegnen sich beim Stelldichein der Argumente Figuren aus der Vergangenheit, der Gegenwart und der Zukunft des deutschen Fußballs. Das ist interessant, das vermittelt jedem Fußballfan Freude, und da kann auch jener Stammtisch-Bundestrainer mitreden, der die Viererkette in der Schmuckschatulle seiner holden Liebsten vermutet.

Gerne wird halt oft von den „Zeichensetzern" schwadroniert, die mal eben einen Gegenspieler die Schienbeine poliert haben um die eigene Mannschaft aus dem Dornröschenschlaf zu erwecken. Als wäre es ein Zeichen von Führung, sein Gegenüber krankenhausreif zu treten. Wenn man in die deutsche Historie schaut, findet man beispielsweise beim „Wunder von Bern" den allgemein als Führungsspieler bekannten Fritz Walter, der immer wieder gerne und völlig zurecht als der Spieler angesehen wird, der den Unterschied macht. Als Treter vor dem Herrn ist der sensibel-gutmütige Fritz allerdings selten in Erscheinung getreten. Er war trotzdem unbestrittener Führungsspieler.

Auch die Weltmeister von 1974 hatten mit Franz Beckenbauer nicht eben den Prototypen des Zeichensetzers in ihren Reihen. Mit Lothar Matthäus 1990 verhielt es sich ähnlich. Zwar war dem guten Lothar auch AUF dem Platz nichts weltliches fremd, aber eine Aktion, wo er dazwischengetreten hat, ist kaum in Erinnerung geblieben.

„Das habe ich ihm dann auch verbal gesagt."

*(Mario Basler)*

Somit muss man die Führungsspielerdebatte wohl eher als Zeitvertreib ehemaliger Stars, die sich immer wieder gerne in die kollektive Erinnerung bringen wollen, betrachten und akzeptieren. Da wird die kleinste Situation der Vergangenheit mit einem „Ach, weißt du noch" Seufzer versehen und man kann sich in vergangenen Taten herum suhlen. Ist normal!

Wenn in gut 30 Jahren Marco Reus, Mario Götze und Lukas Podolski bei Fußball-Stammtischen die guten alten Zeiten hochleben lassen, dann wird es sicher wieder eine neue, aktuelle Führungsspielerdebatte geben. Und das ist auch gut so ... macht ja Spaß!

**Das Kaiser in jungen Jahren auf einem Sammelbild.**

# GOLDEN GOAL – VON BLANKEN BRÜSTEN UND ALTEN MÄNNERN

*In der Reihe „Da hatte jemand eine saublöde Idee und die wurde auch noch umgesetzt" wohl an der absoluten Pole-Position. Irgendeinem leicht verstrahlten Funktionär muss während eines Alptraums in den Sinn gekommen sein, den Fußball von Grund auf zu revolutionieren. Geblieben ist davon nur der „Trikot-Auszieh-Jubel".*

War es bis 1993 jeweils zu faszinierenden Spielen bei den WM- oder EM-Turnieren gekommen, wenn es nach 90 Minuten in die Verlängerung ging, sollte dies nun endlich ein Ende haben. Diejenige Mannschaft, die in der zusätzlichen Spielzeit das erste Tor schoss, gewann das Spiel, weil es gleichzeitig mit dem Treffer beendet war.

Unfassbare und unvergessliche Fußball-Dramen, wie etwa das „Jahrhundertspiel" von 1970 zwischen Italien und Deutschland bei der WM 1970 wären niemals zustande gekommen (obwohl, da schoss Deutschland in der Verlängerung zunächst das 2:1, .... war vielleicht doch nicht so übel). Auch die dadurch entstandene Spannung erschien den meist etwas betagteren Herren der FIFA und UEFA anscheinend eine Spur zu dramatisch und wohl auch zu gesundheitsgefährdend.

> „Golden Goal ist scheiße. Man weiß nie, ob man sich noch ein Bier holen soll."
>
> *(TV-Moderator Harald Schmidt)*

Im EM-Finale 1996 profitierten Deutschlands Fußball-Helden von der neuen Regel. Oliver Bierhoff, fußballerisch laut Rudi Völler eher aus Malta stammend („Maltafüße"), würgte einen Ball tatsächlich per Fuß über die tschechische Torlinie, wobei der tschechische Torwart Kuba in etwa so alt aussah wie FIFA-Funktionäre im Endstadium ihres Funktionärslebens. Der Torhüter konnte somit einen Assist zum Siegtor für sich verbuchen. Bierhoff hingegen war von sich selbst und seinem eher seltenen Trefferglück per Fuß so hingerissen, dass er in einem Anfall von innerer Hitzewallung sich seines Trikots entledigte und der Damenwelt, aber auch allen anderen, seine Heldenbrust präsentierte.

Damit waren gleich zwei neuartige Dinge in einem Moment geschehen: Das erste Golden Goal der Fußballgeschichte und – quasi zeitgleich – der „Trikot-Auszieh-Jubel" waren geboren. Jeder Fußballer, der irgendwann einmal ein angeblich wichtiges Tor erzielt hat, sei es auf Asche in Wanne-Eickel oder im Maracana Stadion, zerrte sich nun jubelnd den Stoff vom Leib. Auch als irgendwann die gelbe Karte für den Textil-Jubler eingeführt wurde, ließ diese Unsitte nur unwesentlich nach. Offensichtlich sehnen sich Fußballer dermaßen nach betörender Freikörper-Kultur, dass die Verwarnung billigend in Kauf genommen wird.

„Durch Bierhoffs Einwechslung hat sich nichts geändert. Im Gegenteil."

*(ZDF-Reporter Bela Rethy)*

Den Herrschaften der FIFA und der UEFA war dieser Umstand ein Dorn im Auge und kurzerhand wurde das Golden Goal, welches diese Form des unanständigen Jubelns ausgelöst hatte, wieder abgeschafft. Dennoch lassen sich Christiano Ronaldo und Co. die Freude nicht nehmen, ihre metrosexuell politisch korrekt rasiert-geölt-blanke Mucki-Brust nach bedeutenden Toren, für knackige Facebook-Fotos und YouTube-Clips zur Verfügung zu stellen.

> „Nowotny – für mich einer von vieren, die gesetzt sind.
> Außer ihm noch Kahn, Bierhoff, Kirsten und Matthäus."
>
> *(Bela Rethy, ZDF-Kommentator)*

… und Auslöser waren die ehrpusseligen Funktionäre der Fußballverbände und der eher mit spröder Erotik versehene deutsche Fußballer mit dem schönen Namen Bierhoff.

Unglaublich!

**Das blieb übrig vom Golden Goal: Zum Jubeln wird das Trikot über den Kopf gezogen.**

# HINTERNWISCHER – DER TRIKOTTAUSCH

*Mit holländischen Spielern haben deutsche Nationalspieler ja irgendwie immer Spaß. Im Halbfinale der Europameisterschaft 1988 in Deutschland gewannen die Niederländer durch ein Tor von Marco van Basten kurz vor Spielschluss mit 2:1. Nach dem Spiel kam es wie immer zum obligatorischen Trikottausch.*

Der deutsche Spieler Olaf Thon erwischte bezüglich des Textil-Wechsel-Rituals, welches den Respekt beider Mannschaften voreinander ja ursprünglich symbolisieren soll, den Sportskameraden Ronald Koeman.

Im Normalfall ziehen sich die Spieler das Trikot über, alternativ hängt man es lässig über die Schultern oder bindet es sich um die Hüften. Die Koemann-Variante sah hingegen etwas anders aus. Der kreativ (oder hieß es primitiv? Egal!) angehauchte Oranje-Held wurde dabei gesichtet (und abgelichtet), wie er sich mit dem „Leibchen" der deutschen Nationalmannschaft lachend über das Gesäß (also sein eigenes, wohlgemerkt) fuhr.

Was wollte uns Koeman nun mit dieser Geste sagen?

„Puuh, Schwein gehabt, das wir gewonnen haben. Ich hatte ganz schön die Hosen voll."

„Shit happens."

„Eure Trikots sind für'n Arsch."

„Ahhh, sehr hautsympathisch, super Qualität."

Was auch immer die Begegnung deutschen Textils mit einem niederländischen Hinterteil aus Sicht Roland Koemans symbolisieren sollte, diese kleine aber feine Geste verfehlte ihre völkerverbindende Wirkung nicht. Es wurde jedenfalls fleißig diskutiert, wie man nun mit diesem Szenario umgehen sollte. Man kam zu dem Schluss, dass man den Holländern bei nächstbester Gelegenheit eine Art sportliche Antwort geben wollte, was mit dem 2:1 im Achtelfinale von Mailand bei dem WM in Italien dann ja auch gelang. Koeman verwandelte in diesem Spiel zwar einen Elfmeter, war

Ronald Koeman freut sich auf seine Weise über den Trikottausch mit Olaf Thon.

aber sonst unerklärlicherweise kaum in Erscheinung getreten. Olaf Thon soll in der Nacht vor dem Spiel allerdings gemeinsam mit dem gesamten deutschen Kader das 88er Trikot Koemans im deutschen Quartier feierlich verbrannt haben. Dabei sollen die Spieler um das brennende Trikot getanzt und Verwünschungen ausgerufen haben. Für diese Behauptung gibt es aber keine Beweise und auf Nachfrage wird dieses Voodoo-ähnliche Ritual auch beim DFB energisch-griemelnd zurückgewiesen und als „reine Spekulation" bezeichnet.

„Koeman! Meine Damen und Herren, der heißt schon so! Dem würde ich auch nicht über den Weg trauen!"

*(ARD-Moderatorenlegende Heribert Fassbender)*

# ITALIEN – DAS ERFOLGSGEHEIMNIS EINER FUSSBALLNATION

*Schönes Land, übler Fußball. Sicher, nicht alle deutschen Fußballfans sehen es so drastisch. Dennoch kann die Kernaussage nicht gänzlich widerlegt werden. Man muss den Azzuri eingestehen, dass sie über zumeist gute Fußballer verfügen, die dazu noch taktisch bestens geschult sind. Warum sie aber trotz ihrer zweifellos vorhandenen Fähigkeiten dennoch oftmals diesen merkwürdigen Fußball spielen, den sie eben spielen … das verstehen viele nicht.*

Denn in den Augen vieler hätten die Männer vom Stiefel es gar nicht nötig, gewisse „Kniffe" und „Taktiken" in einem Fußballspiel anzuwenden, die sie in aller Welt und insbesondere in Deutschland ein wenig in Verruf gebracht haben. Dazu gehört sicher der Vorwurf der Schauspielerei.

Es ist in der Tat ein oftmals unwürdiges Schauspiel *(der geneigte Italiener sieht das sicher etwas anders)*, wenn erwachsene Profis nach einem angedeuteten Körperkontakt zu Boden sinken, als seien sie vom Blitz getroffen, um sich dann von Qualen gepeinigt auf dem Platz zu wälzen oder schwer verletzt am Spielfeldrand notoperieren zu lassen. Dies ist umso erstaunlicher, wenn der gleiche Spieler, nur ein wenig später, wieder wie ein junges Fohlen auf dem Rasen herumspringt.

„In England gibt es keine Schauspielerei. Da darfst du dich auf dem Platz nur behandeln lassen, wenn das Bein drei Meter entfernt von dir liegt."

*(Christian Ziege)*

Es gilt als erwiesen, dass solche Dinge in Italien im Trainingsplan auftauchen. Unter anderem werden nicht nur Wadenmuskeln, sondern auch Gesichtsmuskeln im Training gezielt trainiert und aufgebaut. Schließlich ist es nicht so einfach, sich eine dermaßen schmerzverzerrte Mimik anzueignen. Auch Naturtalente wie beispielsweise Luca Toni oder Pippo Inzhagi müssen in dieser Hinsicht immer an ihren Gesichtsmuskeln arbeiten und feilen. Im

Endergebnis zeigt sich dann die Weltklasse dieser Gesichtsgymnastik-Athleten. Das Hauptziel der italienischen Trainer besteht nämlich darin, den Spielern ein derart schmerzverzerrtes Mienenspiel anzueignen, dass das inszenierte Schwalbengewitter als optimiertes Gesamtbild erscheint. Manche Spieler zahlen dafür jedoch einen hohen Preis, da das Muskeltraining einen Faltenwurf begünstigt, welcher eine visuelle Frühalterung fördert. Andrea Pirlo (34) wurde beispielsweise neulich auf 69 Jahre geschätzt.

Führen die Italiener erst einmal mit 1:0, irgendwie schaffen sie das immer *(keiner weiß genau, wie ...)*, dann wird eine spezielle Defensivtaktik angewendet. Die sogenannte 9er-Abwehrkette vor dem Torwart hat bereits so manchen Gegner verzweifeln lassen. Der zehnte Mann steht übrigens im Mittelkreis um den Konter zu

Italienische Schauspielkunst hat eine lange Tradition. Besonders in der Mailänder Scala oder im benachbarten Giuseppe-Meazza-Stadion wird diese gepflegt.

vollenden oder um einen Elfmeter zu schinden *(auch das gelingt viel zu oft!!)*. Die verteidigenden Italiener verlassen nur für Freistöße oder per Trage den eigenen Strafraum.

> „Es ist das Schicksal aller Trainer, früher oder später mit Tomaten beworfen zu werden."
>
> *(Dino Zoff, Trainer in Italien und Ex-Startorwart)*

Man mag nun von Klischees sprechen und wahrscheinlich stimmt das auch. Aber dennoch bleibt die Tatsache, dass italienische Nationalmannschaften Welt- und Europameisterschaften gewinnen, an denen sie – rein spieltechnisch gesehen – gefühlt gar nicht teilgenommen haben. Vor allem DFB-Auswahlmannschaften verschiedenster Jahrgänge beißen sich an den Kickern vom Stiefel regelmäßig die Zähne aus. Es könnte ja vielleicht auch daran liegen, dass die Italiener einfach ein bisschen besser Fußball spielen als die Deutschen …

Aber das ist absurd, vergessen wir diesen letzten Satz!

# JAHRHUNDERTSPIEL – HEISSES DRAMA

*17. Juni 1970, Schauplatz: Mexiko Stadt, 102 000 Zuschauer im Aztekenstadion wurden Zeuge einer unvergleichlichen Fußball-Oper zwischen Deutschland und Italien. Es ging um den Einzug ins WM-Finale.*

Den Deutschen waren im Halbfinale im 2000 Meter hoch gelegenen Aztekenstadion von Mexiko-Stadt die Sympathien der 102 000 Zuschauer sicher. Vor allem, weil sich die Italiener einmal mehr mit nur einem Tor ins Viertelfinale „gemauschelt" und dort Gastgeber Mexiko ungewöhnlich hoch mit 4:1 geschlagen hatten. Auch im Halbfinale gegen Deutschland stellten sie durch Roberto Boninsegna (8.) früh die Weichen auf Sieg und fuhren dann mal wieder den Mannschaftsbus, ja gar einen kompletten Convoy vor das eigene Tor.

In der Folge umkreisten die Deutschen das Tor der „Azzurri", die mit allen Mitteln, also mit ganz viiiiiiiel Zeit und (Oscar-)preisverdächtigem, italienisch-typischem Lamento ihren Vorsprung heldenhaft verteidigten. Beckenbauer verletzte sich nach einem elfmeterverdächtigen Foul schwer an der Schulter, biss jedoch die Zähne zusammen – mit zusammengebissenen Zähnen wurde das Laufen und Atmen extrem erschwert – und ließ sich den rechten Arm vor die Brust bandagieren (Modell: Halb-Zwangsjacke). Wolfgang Overath hingegen brannte ein Solo in den mexikanischen Rasen, zimmerte jedoch das Leder volle Lotte an die Latte.

„Der Ball ist ein Sauhund."

(Rudi Gutendorf, Fußball-Weltenbummler)

Der italienische Torwart Albertosi schoss Grabowski den Ball beim Abschlag an die Bandscheibe, der abgefälschte Ball tänzelte Fred-Astair-mäßig Richtung Torlinie, konnte aber auf der Linie noch von Torwart Albertosi weggekratzt werden undsoweiterundsoweiter. Sprich, es war ein Spiel welches man normalerweise nur auf dem Bolzplatz erlebt, frei von taktischen Zwängen, Hurra-Fußball pur!

Es dauerte bis zur letzten Minute, ehe der beim AC Mailand spielende Karl-Heinz Schnellinger den Ball zum 1:1 über die Linie spitzelte. Und das nur, „weil das italienische Tor auf dem Weg zur Kabine lag", wie er später freimütig bekannte. Es war außerdem die Geburtsstunde des „Ausgerechnet"-Wortes, welches immer wieder von Reportern angewendet wird, wenn ein Spieler gegen seinen

Ex-Verein trifft. Der damalige TV-Reporter Ernst Huberty schrieb also auch Fußball-Geschichte, als er dem rotblonden Torschützen den Vornamen „Ausgerecht" gab.

Nun fing das Spiel der Spiele erst richtig an. Wie in Trance und frei von allen taktischen Zwängen lieferten sich beide Teams bei 50 Grad Hitze in der Verlängerung einen 30-minütigen Schlagabtausch mit noch fünf, teils absurdwahnwitzigen Toren. Zwei Mal traf Müller (95./110.), wobei insbesondere Müllers 2:1 jeden Fußball-Slapstick-Preis einsacken würde. Die Italiener schlugen mit Tarcicio Burgnich (99.) und Luigi Riva (104.) zurück. Von Gianni Riveras 4:3 (111.) erholten sich die Schön-Schützlinge nicht mehr. Doch 27 Jahre später erhielten auch die stolzen Verlierer den Ritterschlag. Bei einer Umfrage der französischen Sportzeitung „L'Equipe" unter 50 internationalen Fußballstars wurde das WM- Halbfinale von 1970 zum „Spiel des Jahrhunderts" gekürt.

> „Im Fußball ist es wie im Eiskunstlauf – wer die meisten Tore schießt, der gewinnt."
> *(Reiner Calmund)*

Dennoch bleibt der Ärger, dass die Italiener es wieder einmal mit den ihnen eigenen Mitteln geschafft haben, irgendwie nicht nur die Deutschen, sondern auch den Fußball zu schlagen.

So ist Fußball!

# KAISERSCHMARRN – GEGEN ALLE LOGIK

*Für manche eine Süßspeise aus Palatschinkenteig, für die Mehrheit aber eine Beschreibung diverser, mehrheitlich inhaltsbefreiter Interviews der Lichtgestalt des deutschen und internationalen Fußballs: Franz Beckenbauer.*

Immer wieder überzeugt der Mann, den sie bereits als junger Spieler „Kaiser" nannten, durch Meinungswechsel im Minutentakt, schafft es aber irgendwie immer seriös dabei zu wirken. Dabei ist Beckenbauer stets unterhaltsam, steht aber nie im Verdacht, eine eigene Meinung zu haben. Jedenfalls keine, die einen längeren Zeitraum überdauert. Ein bisschen wie ein lebendiges Boulevardmagazin lustwandelt Beckenbauer quer durch die Republik, weicht dabei keiner Kamera und keinem Mikrofon aus und beglückt die Medienwelt mit Nichtigkeiten, die aus seinem Mund jedoch wie die aufrichtige Verkündung eines Regierungssprechers wirken. So wie die folgende Aussage aus den späten 90er Jahren:

„Ja guat, ... wir sind Weltklasse, aber laufen international der Musik hinterher. Der WM-Titel geht aber nur über uns. So viel ist mal klar".

„Der deutsche Fußball ist einerseits nach wie vor an der Spitze. Ob er jetzt an erster, zweiter oder dritter Stelle ist, ich glaube, das machen Nuancen aus – aber Spitze ist er, des is kloar. Obwohl, andererseits muss man mindestens alle Strukturen ändern, weil es ja um die Zukunft geht, und darum muss der Nachwuchs besser werden. Wo ist er denn, der Nachwuchs? Deutschland ist meilenweit von der Spitze entfernt und wenn wir nicht aufpassen, werden wir auf dem Niveau von Albanien wach."

„Wissen Sie, wer mir am meisten leid tat? Der Ball."

(Franz Beckenbauer zum Niveau der deutschen Nationalmannschaft)

… nach dem TV-Interview auch?

Dies mag auf dem ersten Blick aufgrund nicht zu verschweigender Widersprüche der totale Schmarrn sein, aber da es Beckenbauer gesagt hat, ist es „Kaiserschmarrn". Der Mann veredelt jeden Unsinn zu philosophisch wertvollen Inhalten. Dies ist die Kunst des Genialen, die Franz Beckenbauer bereits als Spieler so ausgezeichnet hat. Und davor sollte man den Hut ziehen.

Chapeau, Kaiser!!!

# KEVIN KURÁNYIS FLUCHT – DIE DISCO RUFT

*Kevin Kurányi ist ein deutscher Stürmer mit gefühlten 19 weiteren Nationalitäten. Kann auch viele Sprachen, aber eigentlich keine richtig. Mag Nutella, viel Nutella, war gerüchtweise Nutella-süchtig, letzteres konnte aber nie belegt werden. Seine Nationalmannschaftskarriere umfasste 52 Länderspiele, in denen er 19 mal getroffen hat. Was aber heute keine Sau mehr interessiert, da er wohl der einzige Nationalspieler ist, der sich während eines Spiels von der Truppe abgesetzt hat.*

Gut, er saß beim Qualifikationsspiel am 11. Oktober 2008 gegen Russland nur auf der Tribüne. Diese ist aber erweitertes Spielfeld und somit hatte Jogi Löw einen Grund vorgefunden, den entlaufenen Lausebengel aus seinem inneren Kreis zu entsorgen.

Aber Kevin hatte angeblich zumindest schöne Stunden in der Großraumdisco „Star-Break" und wird diesen Tanz um seine Person sicher nie vergessen ...

So ungefähr könnte es gewesen sein, als Bundestrainer Jogi Löw seinen Spieler verabschiedete: „Pasch auf, Gevvin .... Du gehscht am Tor vorbei und hinde linksch isch de Tür, da gehscht mit högschder Disziplin durch und kommscht nischt zurück ... OK?"

Fünf Jahre nach seinem spektakulären Stadionabgang hatte Kevin Kuranyi, der John Travolta der Fußballwelt, eine meist einseitige Darstellung des damaligen Skandals beklagt. „Es fehlt oft meine Sicht der Dinge. Hintergründe, die diese Reaktion hervorgerufen haben", sagte Kuranyi der Nachrichtenagentur dpa in Moskau. „Ich kann immer noch genau nachvollziehen, warum ich mich zu diesem Schritt habe provozieren lassen."

Aha, er wurde provoziert. In der Disco sorgte Kevin Kurányi allerdings schon immer für hintergründige Schlagzeilen, die würdig sind, in Erinnerung gebracht zu werden und seine Sicht der Dinge zu erhellen. So soll der Stürmer-Star von Schalke 04 laut „Sport-Bild" 2006 eine Schlägerei vor der Disko „Saskia" in Dortmund (!) verursacht haben. Das hat ihm in Gelsenkirchen sicher niemand verübelt. Er soll beim Einlass bevorzugt worden sein, was anderen Gästen (BVB-Fans!) nicht gefiel. Im Juli 2009 war der im Trainingslager zwischenzeitlich verschollene

„Your Disco Needs You": Die berühmte Pop-Diva Kylie Minogue widmete diesen Song Kevin, dem ehemaligen Nationalspieler.

Fußball-Kumpel Lincoln unerwartet wieder aufgetaucht und feierte dies gemeinsam mit den Schalker Bundesligaspielern Kevin Kuranyi, Vicente Sanchez und Carlos Grossmüller in der Düsseldorfer Diskothek „Nachtresidenz" an der Königsallee. Felix Magath *was not amused*! 2010 wechselte er in die Party-Metropole Moskau und ließ es vorher mit einem Dutzend Kumpels in seiner Kölner Stammdisco „Nachtflug" noch einmal so richtig krachen. Das Leben kann so schön sein, wenn man die richtigen Prioritäten setzt ...

# LINEKERS SPRUCH – DER ENGLISCHE PHILOSOPH

*Wir kommen zu einer Legende, einer Ikone, einem Gandhi des Fußballsports, der Mutter Theresa des sprachlich runden Leders, dem Messias der geschliffenen Kicker-Thesen, einem Nurejew der Wortakrobatik ...*

Gut, kümmern wir uns einmal um den Satz, der die Fußballwelt für alle Zeiten verändert, verbessert, ... ja, quasi erlöst hat. Zunächst in der Muttersprache des Verfassers und dann in deutscher Übersetzung:

„Football is a simple game, 22 men chase a ball for 90 minutes and at the end, the Germans always win."

„Fußball ist ein einfaches Spiel, 22 Männer jagen 90 Minuten lang einem Ball nach, und am Ende gewinnen immer die Deutschen."

Hat man jemals etwas Schöneres gehört? Das ist fußballerische Verbal-Erotik pur! Dagegen sind popelige Sätze wie „Ein kleiner Schritt für einen Menschen, ein großer Schritt für die Menschheit" oder „Isch habe fertig" sowie „Niemand hat die Absicht eine Mauer zu errichten" geradezu amateurhaft-langweilig und irrelevant. Zumal die hehren Worte von einem englischen Fußballer – Gary Lineker – stammen, der seinerzeit das Elfmeterschießen im Halbfinale der WM 1990 durchleiden musste. In der Folge zementierte England seinen Elfmeter-Dilettantismus. Deutsche Strafstoß-Giganten zimmerten dem englischen Torwart-Greis Peter Shilton die Bude voll. Sein morscher Rücken bekam als Folge der sauschnell geschossenen Einschläge gehörig Zug ab. Autsch!

Es ist bekannt, das englische Nationalspieler seit Wembley 1966 eine ausgewiesene Deutschland-Phobie pflegen und niemand hätte das so schön in Worte fassen können wie der ehemalige, 80fache Nationalspieler Englands und Teilzeitphilosoph Gary Lineker. Diese geradezu lyrischen Worte aus dem Munde eines englischen Top-

Engländer, trotzdem Fußballstar und vor allem Top-Philosoph: Gary Lineker.

stars des Fußballs klingen berückend-schön für deutsche Fan-Ohren und man möchte dem Star nachrufen:

„Das Alphabet hat 26 Buchstaben, man kann x-Millionen Wörter und Sätze daraus erstellen und kombinieren, aber am Ende gibt es nur den einen perfekten Fußball-Satz und der gelang Gary Lineker."

Dabei sollte man es bewenden lassen …

**Wir lieben den englischen Fußball. Vor allem, wenn er solche Philosophen wie Gary Linker hervorbringt.**

# MALENTE – EINE NACHT, 11 STÜHLE UND DER WM-TITEL

*Das waren noch Zeiten, damals 1974 bei der WM in Deutschland. Die Haare waren lang, die Röcke kurz und stimmbandbenachteiligte deutsche Fußball-Nationalspieler gröhlten „Fußball ist unser Leben" in Vinyl-Rillen. Auch deutsche Fans pflegten noch Liedgut wie „Hi, ha, ho, Holland ist K.O." oder „Schweden weg, hat kein Zweck", die jeden Nostalgiker heute noch aufhorchen lassen.*

In Zeiten freier Liebe und allgemeiner „Make Love not War" Stimmung hielten es die hohen Herren des Deutschen Fußball Bundes für angebracht, West-Deutschlands Elitekicker im beschaulich-öde-langweiligen Malente einzukasernieren. Ein genialer Schachzug, wie sich zeigen sollte.

**Helmut Schön bei den Verhandlungen um die WM-Prämie.**

Schon bald nämlich ging der Plan der DFB-Oberen auf und die Jungs um Franz Beckenbauer nahmen sich die Freiheiten, die sie brauchten. Zunächst wurde launig über die WM-Prämie verhandelt. Der schlaue Fuchs Helmut Schön tat dabei doch glatt so, als wolle er aus Malente abreisen, nur weil die Elitekicker der BRD nicht wie die „Wunder von Bern"-Helden für einen feuchten Händedruck und die Vaterlands-Ehre spielen wollten. Das war dem Mann mit der Mütze schon lange klar, aber es gehörte zu dem Plan, die Kurzhosen-Rebellen ordentlich zu verschrecken, um damit einen „So weit wollten wir nun doch nicht gehen"-Effekt zu erzielen. Was auch funktionierte. Die Prämie blieb bei 60.000 DM stehen, intern hatte man beim DFB 100.000 DM veranschlagt. Es kann sich also lohnen, beim Basar bei Null anzufangen …

Nach Meinungen der Nationalkicker strahlte die verstörend-behagliche Sportschule Malente die erotische Ausstrahlung von Hausstaub aus und so konnte es ja nicht anders kommen, dass einige der Insassen dem „Druck" nicht mehr widerstehen konnten und die nächtliche Flucht ins sündige Hamburg durchführten. So konnten sie sich selbst und diversen Ehefrauen eine Freude bereiten. Aber auch dies war zuvor von den DFB-Psychologen durchgespielt worden, man versprach sich durch die Einkasernierung der Spieler ein Durchbrechen der Blockade. Die Eigeninitiative wurde dadurch gestärkt, was sich später auch in den Spielen bezahlt machte, ebenso wurde der Mannschaftsgeist deutlich gestärkt. Jedenfalls erklärt dies alles, warum z. B. ein Sepp Maier das Turnier seines Lebens spielte. Hatten die DFB-Malente-Organisatoren doch deutlich mitbekommen, wie sich der Münchner Torwart über den bewusst niedrig gehaltenen Zaun davonmachte.

> „Ja, gut. Es gibt nur eine Möglichkeit: Sieg, Unentschieden oder Niederlage!"
> *(Franz Beckenbauer)*

Die Malente-Macher waren sich ebenso sicher, dass sich „eine gute Mannschaft sich selbst aufstellt". Man fuhr vor dem DDR-Spiel das Training bewusst runter, trainierte die Elf quasi in den Keller. Schließlich war man nach den beiden Siegen gegen Chile und Schweden sowieso schon für die 2. Runde qualifiziert. Nach der 0:1 Niederlage entgingen die DFB-Füchse auch noch den schwereren Gegnern wie Holland und Brasilien. Dieses spielerische Vergnügen gönnte man der Mannschaft von „drüben", die sich an ihrem wertlosen Gruppensieg nicht lange erfreuen durfte. Auf DFB-Seite war das Gelächter groß, als die DDR chancenlos von den Premium-Gegnern abgeledert und filetiert wurde.

> „Der Grund war nicht die Ursache, sondern der Auslöser."
> *(Franz Beckenbauer)*

Für die Öffentlichkeit tat man nach der DDR Niederlage natürlich entsetzt, Helmut Schön jedoch beauftragte noch in Nacht nach dem 0:1 seinen Kapitän Beckenbauer, nun doch endlich mal auf den Tisch zu hauen. Der harmoniesüchtige Beckenbauer musste dabei massiv angeheizt werden. Dem Vernehmen nach war der weinbeseelte Kapitän dann aber durchaus noch in der Lage, ein wenig Bundestrainer zu spielen. Die Maßnahme dazu: „Die Reise nach Jerusalem". Zu ihrem Erfolgssong „Fußball ist unser Leben" lief der gesamte Kader stockbesoffen um 21 Stühle. Endete plötzlich die Musik, hatten sich alle zu setzen. Derjenige, der keinen Stuhl erhielt, flog aus der Mannschaft. Das Spiel wurde beendet, als die letzten 11 übrig blieben. Diese bildeten logischerweise die Mannschaft, die in der zweiten Finalrunde gegen Jugoslawien auflief. Es waren halt diejenigen mit dem besten Durchsetzungsvermögen. Lediglich Netzer hatte nicht mitgespielt, er konnte den

Song nicht leiden und hatte auch den Sinn des Stuhl-Spiels nicht einhundertprozentig verstanden.

Nach der „Nacht von Malente" hatte Deutschland dann endlich auch die von allen gewünschte Weltmeistermannschaft. Sie bewies dies in den kommenden Spielen gegen Jugoslawien (2:0), Schweden (4:2), Polen (1:0) und im Finale gegen Holland (2:1). Dies ist aber Helmut Schön und seinen klugen Psychologen im Hintergrund zu verdanken. Nur sie wussten, wie man eine Mannschaft erfolgreich Richtung Titel trimmt.

Eben durch Malente …

Die originalen Stühle der „Nacht von Malente" stehen heute im Deutschen Fußballmuseum.

# MOTTRAM HALL – HOSENLOSE DEUTSCHE

*Der gemeine englische Fußballfan hat es wirklich nicht leicht. Nicht nur, dass er beständig Niederlagen und Demütigungen bei Turnieren ertragen muss, dazu eine chronische „Elfmeterschießen-Unfähigkeit" seit Jahrzehnten nicht mehr abschütteln kann, ... nein, man hat auch Fußball-Hoffnungsträger David Beckham durchstehen müssen, der mehr als ein Jahrzehnt lang vergeblich versucht hat, die Schönheit seines makelloses Körpers auf sein Spiel zu übertragen.*

Um letztlich doch daran zu scheitern. Immerhin konnte er brauchbare Freistöße schießen. Um die Nationalelf zu Titeln zu führen war das dann aber doch nicht genug.

Aber um auch darauf noch einen draufzusetzen, bei der Europameisterschaft im eigenen Land, damals im Jahre des Herrn 1996 nach Christus und fast neun Jahre nach der Geburt von Wayne Rooney, musste die stolze englische Nation auch noch dabei zusehen, wie Queen Elizabeth II den EM-Pokal an den deutschen Mannschafts-Kapitän Jürgen Klinsmann und seine Mannen überreichte. Per Golden Goal hatte Oliver Bierhoff in der englischen Fußball-Kathedrale Wembley den EM-Titel entschieden. England hingegen war – wie immer – im Elfmeterschießen an diesen deutschen Spielern gescheitert. Jene deutsche Mannschaft, die sich von nichts und niemandem den Titel nehmen lassen wollte. Auch nicht von Übungsleiter Berti Vogts, der dank wirrer Interviews und verstörenden Äußerungen in der Öffentlichkeit bereits bei der WM zwei Jahre zuvor von so manchem Fan und Journalisten eher als lästig empfunden wurde.

> „Die Breite an der Spitze ist dichter geworden."
> *(Berti Vogts)*

Heute weiß man, warum die eigentlich wild entschlossenen Engländer im Elfmeterschießen im Halbfinale mal wieder den Kürzeren zogen. Bei der EM 96 wohnte die deutsche Delegation im Quartier Mottram Hall. Wenige Tage vor dem entscheidenden Spiel um den Finaleinzug waren mehrere deutsche Nationalspieler im piekfeinen

Hotel in die Sauna marschiert. Nackt! Natürlich, wie auch sonst … die englischen Hotelgäste, die sich zeitgleich in der Luxusanlage aufhielten mussten dies mit ansehen und machten große Augen (besonders die Damen, wie berichtet wurde …).

Selbstverständlich wurde dieses Erlebnis der schockierten (und beeindruckten?) Hotelgäste publik, die als fair-investigativ bekannte Yellow-Press berichtete in ihrer zurückhaltend-informativen Art über die deutschen „Würstchen", die den englischen Snobs stolz und schamlos präsentiert wurden.

Berti Vogts zeigte in dieser „Affäre" nun seine wahre, von manchem nicht für möglich gehaltene Souveränität. Darauf immer wieder angesprochen, äußerte sich Bundes-Berti abgezockt: „Ich weiß, wie es in China in der Sauna zugeht. In Finnland hat man ein Glas Schnaps in der Hand, in Rußland eine Pudelmütze auf dem Kopf, und in England trägt man eine Hose."

Tatort-Foto aus dem Polizeiarchiv von Scottland Yard: Hier haben laut Zeugenaussage von Berti Vogts deutsche Fußballer ohne Badehose sauniert.

> „Kompliment an meine Mannschaft und meinen Dank an die Mediziner. Sie haben Unmenschliches geleistet."
>
> *(Berti Vogts)*

Man kann es nun so deuten, dass die deutschen Nationalspieler nun einmal nichts zu verbergen hatten. Ganz im Gegensatz zum gemeinen Briten, den es in der Tat traditionell nur mit Hose bekleidet in die Sauna treibt. Somit zeigten die nationalen Kicker genau das, was ein gewisser Oliver Kahn Jahre später einmal für Bayern München forderte. Nämlich die umgangssprachliche Bezeichnung für ein Hühnerprodukt mit zwei Buchstaben in der Mehrzahl. Übrigens, jener Oliver Kahn war 1996 als zweiter Torwart mit im Kader. Man ahnt, an welche Situation Kahn dachte, als er in späteren Jahren diese Forderung aussprach und damit die deutsche Fußball-Sprache revolutionierte.

> „Eier, wir brauchen Eier!" *(Oliver Kahn)*

Als es dann Tage später zum Elfmeterschießen zwischen Deutschland und England kam, da war sich jeder deutsche Schütze seiner Sache sicher. Die Symbolik der vorangegangenen Aktion in Mottram Hall im Hinterkopf waren sie sich ihrer Überlegenheit sicher, während das englische Team, sinnbildlich gesehen, die anbelassene „Hose voll" hatte. Kein Wunder, das irgendwann einem Spieler die Nerven versagten. Gareth Southgate war der bemitleidenswerte Elfmeter-Versager, der an Torwart Andreas Köpke scheiterte. Im Anschluss daran verwandelte Andy Möller den letzten Elfer und seine daruf folgende Geste kann man mit den Worten „Seht her, ich habe die dicksten ..." untertiteln. Tun wir aber aus Respekt vor den Erfindern des Fußballs nicht ...

Wofür ein Saunabesuch aber nicht alles gut sein kann!

# POLDI – DIE WAHRHEIT ÜBER DIE BALLACK-WATSCHE

*Lukas Podolski war und ist wahrscheinlich einer der beliebtesten deutschen Nationalspieler. Die Frage, ob dies trotz oder wegen seiner Ohrfeige an Mannschaftskamerad und Kapitän Michael Ballack so gesehen wird, ist wohl lediglich unter Fans des 1.FC Köln eine Diskussion wert. Letzten Endes steht fest, dass es so etwas im deutschen Fußball noch nie gegeben hat. An diesem 1. April des Jahres 2009 wurde im WM-Qualifikationsspiel in Wales deutsche Fußball-Geschichte geschrieben.*

Im Internet tauchte neulich die Abschrift eines Telefonats zwischen 1. FC Köln-Präsident Wolfgang Overath und dem damaligen Bayern-Spieler (aber lebenslangem 1. FC Köln-Fan) Lukas Podolski auf, welches gewisse Rückschlüsse ziehen lässt. Auf den folgenden Seiten der Text:

**Overath:** So, dann roofe mer ens dä Poldi aan …

*Man hört den Wähl- und Klingelton …*

**Podolski:** Tach, hier iss dä Poldi, ne …
**Overath:** Tach Poldi! Hier iss dinge Ex un baal widder Prässident. Wie isset, Jung?
**Podolski:** Jut! Tor jejen Lieschtschtein, Treffer jejen Sachsen! Alles klar, ne …
**Overath:** Wieso häste eijentlisch dä Ballack jeohrfeischt …?
**Podolski:** Hab isch ja nit. Dä is mit'm Jesischt im meine Hand jelaufen, ne …
**Overath:** So?
**Podolski:** Da konnt isch nit mehr ausweischen, ne …
**Overath:** Ah so war dat. Die Zeidunge schrieve och, du hätts jetz immerhin mal jejen nen Jroßen jetroffen …
**Podolski:** Stimmpt. Dä Ballack is wat jrößer als isch, ne …
**Overath:** Mal unter uns, Poldi … du wolltest dä Ballack ja schon treffen. Wie kam dat dann dazu?
**Podolski:** Anvisiert, jezielt, versucht, jetroffen … wenn et klapp, schön, wenn nit, beim nächste mal widder versuchen. Aber hat ja jeklappt … ne.
**Overath:** Nee, ich mein, warum häste däm eine jeflitscht?
**Podolski:** Hat misch anjenervt, ne … von wejen Laufwege, ne … war blöd … deswejen, … Zack, Bumm, Ruhe iss, … ne.

**Overath:** Ävver du kannst doch nit dingen Kapitän schlaren.
**Podolski:** Wieso? Hat doch jeklappt.
**Overath:** Wat war denn mit den Laufwegen?
**Podolski:** Sacht mir, isch soll Laufwege machen. Gibt aber keinen Ball zu mir. Dacht isch, du kannst misch ... ne ...
**Overath:** Un wat han die Kollejen hinterher jesacht?
**Podolski:** Haben mir einen ausjejeben un auf de Schulter jekloppt. Weiß gar nicht warum, so jut hab ich ja nit jespielt, ne?
**Overath:** Und dä Löw?
**Podolski:** Hatte nix zu sagen, wie immer, ne?
**Overath:** Und wat sacht der Ballack?
**Podolski:** War sauer ... is aber ejal, ne. So, muss Schluss machen, da steht die Mannschaft mit jroßer Torte. Steht „Danke Poldi" drauf. Irgenwatt wollen die feiern, geh mal klären, watt jenau. Tschöö, ne ...

*Er legt auf und das Dokument endet hier.*

Man kann sich des Verdachts nicht erwehren, dass Teile der Mannschaft ... aber lassen wir das. Jedenfalls durfte Podolski seine Nationalmannschaftskarriere fortsetzen. Den eigenen Mannschaftskapitän auf dem Platz live vor einem Millionenpublikum zu ohrfeigen ist ja auch nicht wirklich was so Böses wie beispielsweise kuranyiesk und somit frevelhaft die Tribüne zu verlassen oder den Trainer als Suppenkasper zu bezeichnen. Wo kommen wir denn da hin, wenn man wegen jeder Kleinigkeit Sanktionen erteilt.

… und auch ein Mannschaftskapitän muss im zwischenmenschlichen Bereich einfach mehr Sensibilität und Diplomatie zeigen. Den Jungen so anzupflaumen, das geht eben nicht mehr.

Zeiten ändern sich.

Wirkungstreffer Podolskis, die rechte schnellt hervor, durchbricht Ballacks Deckung. Die Aktion bringt Poldi den Punktsieg. Großer Sport!

# QUERÉTARO – WO KAISER GEFÄHRLICH LEBEN

*Querétaro ist eine Stadt in Zentralmexiko mit 878 000 Einwohnern. 1867 wurde der mexikanische Kaiser Maximilian, Sohn von Erzherzog Franz Karl, dem jüngeren Sohn von Kaiser Franz I., hier füsiliert. Der deutsche Kaiser Franz Beckenbauer schien diesen Umstand 1986 noch im Hinterkopf zu haben, als die deutsche Mannschaft während der WM in Querétaro residierte.*

Den mexikanischen Journalisten Miguel Hirsch bezeichnete er – wahrscheinlich als Präventivmaßnahme – als „geistigen Nichtschwimmer" und ließ einen Satz der Nachwelt zurück, der wohl lediglich der Sorge entsprang, es könne ihm vor Ort so ergehen wie seinem Berufskollegen im Jahr 1867. Auf Hirsch bezogen raunte er ein nicht ganz ernst gemeinstes „Wenn man kurz zudrückt, dann gibt es ihn nicht mehr" in den Raum. Die mexikanische Bevölkerung zeigte großes Verständnis für diese kleine, spaßige Geste, die eine optimale Kommunikation zwischen Gast und Gastgeber unterstreicht.

Zwischen den Spielen widmeten sich dann die Spieler Uli Stein, HSV-Kollege Ditmar Jakobs und die beiden Reservisten aus München, Klaus Augenthaler und Dieter Hoeneß, den Freuden des Lebens und speisten unter anderem bei mexikanischen Familien. Wer vergisst dabei nicht einmal Raum und Zeit, und was sind schon zwei Stunden Verspätung in tiefer Nacht? Beckenbauer unterhielt sich souverän mit den „Idioten", wie er sie liebevoll nannte, und überredete die Jungs, 5000 DM für gemeinnützige Zwecke zu spenden. Stein durfte dann als zusätzliche Belohnung für weitere kreative Momente die Heimreise antreten (siehe „Suppenkasper").

„Auch ein Franz Beckenbauer kann einmal den Spielern in den sogenannten Hintern treten."

*(Lothar Matthäus)*

Auch Kapitän Karl-Heinz Rummenigge hatte in Querétaro keine Langeweile, führte mit Vize-Kapitän Toni Schumacher bezüglich der Kapitänsbinde einen Verständigungsdialog, der zeitweise etwas missverstanden wird.

Aber Delegationsleiter Egidius Braun konnte Rummenigge nach einem Hinweis, wie man zeitnah den Weg nach Deutschland gestalten könnte, wieder auf Kurs bringen. Es gelang Braun, die Missverständnisse auszuräumen und er konnte den inneren Frieden innerhalb der Nationalmannschaft wieder herstellen. Auch Schumacher konnte sich, nach gutem Zureden der Herren Beckenbauer und Magath, mit dem Münchner Stürmer wieder an einen Tisch setzen. Sein zuvor ausgesprochener Satz „Ich kann mit Verleumdern nicht zusammensitzen" ist ja eh nur rheinische Folklore. Man sagt ja so viel, wenn der Tag lang ist.

> „Der Franz ist zornig, das sieht man.
> Wir sehen gelegentlich Beckenbauers rechte Schläfe.
> Die Zornesader schwillt."
>
> (Karl-Heinz Rummenigge)

Alles in allem, es war eine schöne Zeit in Querétaro, Vize-Weltmeister geworden, viel Sonne getankt, viel Spaß und gute Laune gehabt. Was will man mehr? Ach ja, es wurde niemand füsiliert, Miguel Hirsch und Kaiser Franz überstanden die WM verletzungsfrei und England wurde nicht Weltmeister. Alles ist gut!

# RAMBA ZAMBA – TRAUMFUSSBALL ANNO 1972

*Es war die Steigerung von Tiki Taka, dem schrecklich-schön-verstörend-effizienten Ballbesitz-Kick und Einschlafmittel des spanischen Fußballs. Ramba Zamba war der Zauberfußball a la Alemania aus den frühen 1970er-Jahren. Ramba Zamba wurde von DFB-Künstlern wie Beckenbauer, Netzer, Overath, Müller und Co. in ihrer schöpferischen Hochphase auf den Rasen gezaubert.*

1972 – das muss für die Zuspätgeborenen erläutert werden – wurde die deutsche Fußball-Nationalmannschaft mit diesem schrecklich-schönen Wahnsinn Europameister. Er war streckenweise so beispiellos geistreich, dass selbst fußballerische Handwerksmeister wie Horst Dieter Höttges oder Georg Schwarzenbeck mit in diese Phase vereinnahmt wurden, da man ja auch noch Abwehrspieler benötigte, die einen versehentlich in die deutsche Hälfte geratenen Ball wieder unfallfrei in die Kreativabteilung des paradiesisch wirkenden Mittelfelds befördern konnten.

Die „Bild" jubelte: „Ramba-Zamba" und die Pariser „L'Equipe" schwärmte gar vom „Traumfußball des Jahres 2000", wohlgemerkt im Jahre 1972. Der Ramba war Beckenbauer und der Zamba war Netzer, da waren sich die Experten einig. Günter Netzer, der Salonlöwe, war Spielmacher und -gestalter, dazu Spiritus Rector dieser außerordentlichen Mannschaft. Er stand für eine neue fußballerische Hochkultur und war der Messi von anno dazumal, fuhr einen flotten Ferrari und umgab sich mit dem schönen Geschlecht. Er schlug geradezu enthemmte Steilpässe und aus jenem unvergesslichen, ja fast schon erotischen Solo, das er beim damaligen 3:1 im Viertelfinale gegen die Engländer in Wembley aus der Tiefe des Raumes gestaltete, würde als YouTube Video um die Welt gehen und dem Gangnam Style oder Harlem Shake von der Klickzahl her locker Konkurrenz machen.

Die Wutrede von Rudi Völler, viele Jahre später, war der untaugliche Versuch eines von Holländern gedemütigten Bundestrainers, diese fußballerische Götterspeise von Netzer und Co. kleinzureden: „Der Netzer soll sich nicht aufblasen, das war doch Standfußball damals!" So ist es: Unwiderstehlicher, unvergleichlicher, traumhafter Standfußball war das, und der Akzent liegt auf unvergleichlich.

Wer diesen Traumfußball aus dem vorigen Jahrtausend mit dem aus der Ära mit Rudi Völlers Rumpelfußballern vergleichen will, der kann genauso die Frage stellen, ob der Sommer 1972 heißer war als die Sommer späterer Jahre.

„Da war ein sinnliches Verhältnis zu meinem Objekt, das bei jedem Fußtritt anders reagierte, das stets anders behandelt werden wollte."

*(Günter Netzer)*

Ramba Zamba war also das, was kaum zu beschreiben ist, wenn man es nicht selbst gesehen hat. Einen Eindruck vermittelt das wohl schönste Tor dieser „blauen Phase" des deutschen Fußballs. Günter Netzer und Gerd Müller zelebrierten nicht nur einen besonderen einen Moment, nein, sie schufen das Denkmal eines Tors. Am 15.11.1972 im Länderspiel Deutschland – Schweiz in Düsseldorf in der 52. Minute zum 4:0 nach Hackentrick von Gerd Müller (Endstand 5:1). Eine Rarität war dies auch beim Tor des Monats der ARD-Sportschau: Schütze und Vorbereiter wurden gleichermaßen geehrt. Netzer trieb den Ball aus dem Mittelfeld bis zum gegnerischen Strafraum, passte auf Müller, startete durch und knallte Müllers Hackentrick-Doppelpass mit dem Vollspann in die Maschen. Ein Geniestreich, der von den Sportschau-Zuschauern auch zum „Tor des Jahres" gewählt wurde.

Wer das Tor gesehen und verstanden hat, der weiß was Ramba Zamba bedeutet!

Es war übrigens der Zeitabschnitt, als ein deutscher Bundestrainer die größte Aufgabe darin sah, seine sensiblen Künstler bei Laune zu halten. Paradiesische Zustände ...

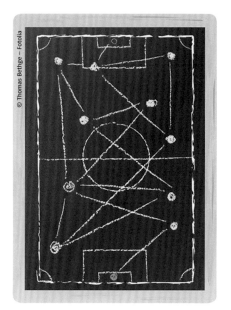

So sieht Ramba-Zamba-Fußball auf der Taktiktafel aus. Spielaufbau von hinten, wenige Ballkontakte und dann der Torabschluss.

# RUMPELFUSSBALL – DER TIEFPUNKT IM JAHR 2000

*von Patrick Völkner (spox.com)*
*Was braucht es Almanache und Videozusammenschnitte: Die Geschichte des deutschen Fußballs ließe sich wohl auch in Form einer ulkigen Modenschau nachchoreografieren – von Helmut Schöns Mütze über Udo Latteks blauen Pullover bis zu Reinhold Beckmanns roter Jeans-Jacke. Unverkennbare Zeugnisse ihrer Zeit – Kleider sagen eben mehr als 1000 Tore.*

Doch kein modisches Accessoire treibt dem hiesigen Fußballfan so schnell und so zielsicher die Schweißperlen auf die Stirn wie Uli Stielikes grob kariertes Sakko (siehe: Sakko-Uli), ein schwarzes Jackett mit weißen Quadratlinien veredelt durch eine cremefarbene Motivkrawatte. Für Modeschöpfer ein Anblick des Schreckens, für Anhänger der Nationalmannschaft Sinnbild eines der wohl ernüchterndsten Kapitel in der Historie der deutschen Auswahlmannschaft, das im Spätsommer 1998 seinen Ausgang nahm.

Das enttäuschende Abschneiden der deutschen Elf bei der Weltmeisterschaft in Frankreich ließ keine andere Konsequenz zu. Die „Ära" Vogts, die ihren einzig erinnerungswürdigen Höhepunkt im durchaus glücklichen Triumph von Wembley anno 1996 gefunden hatte, war beendet. Der Neue war ein alter Bekannter: Erich Ribbeck, der bereits als Co-Trainer unter Jupp Derwall für den DFB tätig gewesen war, sollte die Nationalmannschaft wieder auf Erfolgskurs bringen. Als Assistenten erkor er den Mann mit dem skurrilen Sakko aus: Ribbeck und Stielike als Heilsbringer des deutschen Fußballs. Und in der Tat sprach zunächst vieles für ein Mini-Renaissance der deutschen Nationalmannschaft. Zwar bot die Ribbeck-Truppe mit illustren Edeltechnikern wie Marko Rehmer, Carsten Ramelow und Jörg Heinrich über weite Strecken weniger Traumkombinationen denn morbiden Rumpelfußball, die Qualifikation für das Europameisterschaftsturnier in Belgien und den Niederlanden gelang jedoch vergleichsweise ungefährdet. Allein beim abschließenden „Auswärtsspiel" im Münchener Olympiastadion war Zittern angesagt. Doch nach dem torlosen Match gegen die Türkei stand fest, dass auch die EM 2000 nicht ohne deutsche Beteiligung stattfinden würde.

> „Das war müder Rumpelfußball, der streckenweise in Misshandlung des Balles ausartete. Vielleicht war die Veranstaltung mit Deutschland auch nur die B-Europameisterschaft. Das A-Turnier läuft jetzt ohne uns. Irgendwie hätten wir da eh nur gestört."
>
> *(EM-Analyse von Franz Beckenbauer vor den Euro-Halbfinalspielen)*

Portugal, England, Rumänien – der Fußballgott hatte es mit der Ribbeck-Elf nicht wirklich gut gemeint – schwerer hätte es kaum kommen können. Immerhin: Das Auftaktmatch gegen Rumänien sollte einen lockeren und machbaren Auftakt in das Turnier garantieren. Es kam – wie immer im Fußball – anders. Bereits nach fünf Minuten lag man zurück und versuchte in der Folge das Spiel mit den eigenen höchst begrenzten spielerischen Mitteln zu drehen. Mehmet Scholl war es schließlich, der mit seinem Ausgleichstreffer das erste deutsche Tor der EM 2000 erzielte. Es sollte das einzige bleiben. In den folgenden beiden Partien gegen England und Portugal agierte die Ribbeck-Elf genauso lust- wie torlos und schied nach drei Spielen ohne Sieg sang- und klanglos aus. Der deutsche Fußball war wieder einmal am Boden. Der tiefste Tiefpunkt, vom darauffolgenden Nationalcoach wenige Jahre später in Rage beschworen, schien erreicht. Schlechter ging es nicht: Die deutsche Nationalmannschaft hatte ein Turnier des Grauens abgelegt – ohne Siege, ohne Inspiration, ohne Konzept.

Ironie des Schicksals: Jener Assistenztrainer, dessen abenteuerliches Sakko bis heute mit der Schreckensperiode von 1998 bis 2000 assoziiert wird, stand zur Zeit des EM-Desasters schon gar nicht mehr in sportlicher Verantwortung. Nach fortwährenden Differenzen mit Ribbeck und DFB-Führung war Stielike wenige Wochen vor Turnierbeginn gegen das emeritierte Sturmungeheuer Horst Hrubesch ausgetauscht worden.

Gebracht hatte es wenig, sieht man einmal von der originellen Hrubesch-Erkenntnis ab, dass man solch eine Europameisterschaft eben erstmal „Paroli laufen lassen" muss.

Doch nach den miserablen Auftritten bei der EM gab es kein Vertun: Ribbeck und Hrubesch waren definitiv nicht die Hoffnungsträger des deutschen Fußballs. Wieder einmal musste ein Neuanfang her. Eine alte Tante sollte es richten – doch bis zum Ende des Rumpelfußballs sollte es noch ein paar Jahre dauern …

# SAKKO-ULI – NICHT GERADE KLEINKARIERT …

*Der deutsche Fußball befand sich nicht erst seit jenem unvergessenen Septembertag im Jahr 1998 in der Krise. Deutschlands Viertelfinal-Aus bei der vorangegangene WM in Frankreich hatte klargemacht, dass es an nachrückenden Talenten mangelt und der nicht mehr besonders geliebte Berti Vogts legte sein Amt als Bundestrainer erst nach einigem Zaudern nieder.*

Aber da fand sich, nach einigem Suchen, der Breitners Paule, der es dann aber doch nicht machen durfte. Angeblich wollte er gleich DFB-Präsident Egidius Braun „killen". Aus Sorge um seine Gesundheit entschied sich Braun dann doch lieber für Ex-Nationalspieler Uli Stielike. Aber auch dieser durfte sich nur für ein paar Stunden und einige forsch-verwirrende Interviews als Bundestrainer fühlen. Denn dann stelle sich heraus, dass man es seitens des

DFB doch irgendwie anders gemeint hatte und so fand sich Stielike auf dem Posten des Co-Trainers wieder. Richtiger Bundestrainer wurde – zu seiner eigenen großen Verwunderung – der auf seinem Altersruhesitz Teneriffa sonnenbadende und zu Recht vergessene Erich Ribbeck.

> „Die Hitze kann für die deutschen Spieler sogar ein Vorteil sein. An einem Urlaubsort sieht man in der Mittagshitze auch immer nur Deutsche draußen, also kommen wir mit der Temperatur sogar besser zurecht."
>
> (Erich Ribbeck, Bundestrainer)

So ganz glücklich war Stielike, der immerhin einmal Nationaltrainer der Fußball-Großmacht Schweiz war, nicht über diese Rollenverteilung. Das Präsident Braun auf der Vorstellungs-Pressekonferenz noch lustig-launig die Namen derjenigen Herren präsentierte, die dem DFB abgesagt hatten (u. a. Jupp Heynckes, Otto Rehhagel, Günter Netzer, Roy Hodgson, Paul Breitner, Udo Lattek, Karlheinz Feldkamp, Rainer Bonhof, Hannes Löhr, Til Schweiger, Iron-Man, Miss Marple u. v. a) bestätigte scheinbar den Verdacht, dass Ribbeck/Stielike nicht zwingend die allererste Wahl für das höchste Amt im deutschen Fußball waren.

Er kann es tragen: Uli Stielike, sein Sakko und Erich Ribbeck ...
Großformatige Kompetenz, auch modisch dargestellt.
Ein Traum!

Allerdings muss der Mann aus Ketsch eine Vorahnung von der folgenden, sportlichen Hoffungslosigkeit gehabt haben. In den zwei Jahren ihrer Tätigkeit fuhr das Notduett Ribbeck/Stielike nämlich die schlechteste Bilanz aller Bundestrainer ein. Ebenso tragen sie die Verantwortung für die EM 2000 in Holland und Belgien, die von Fans der deutschen Fußballnationalmannschaft kollektiv in das Vergessen gedrängt wurde. Übrigens völlig Zurecht!

Wie also auf EWIG in Erinnerung bleibe? Da griff Uli nicht nur in die Trick- sondern auch in die Modekiste und präsentierte auf der Antritts-Pressekonferenz ein Outfit, welches ihn für alle Zeiten, legendär, unvergesslich, ja unsterblich machen würde. Es war nicht nur EIN grob-kariertes Sakko, … nein, es war DAS grob-karierte Sakko schlechthin. Dies kombinierte der Europameister von 1980 zusätzlich noch gekonnt mit einer breiten, weiß-gemusterten Krawatte auf grauem Hemd mit weißem Kragen. Es wird gemunkelt dass einige Kameras wegen Überforderung in den Off-Modus schalteten.

> „Ich föhne mich nicht vor dem Spiel. Ich föhne mich eigentlich nie. Meine Haare sind einfach so."
>
> (Erich Ribbeck)

Niemals wird ein Zeit- und Augenzeuge dieses Sakko vergessen. Irgendwie verschwindet sogar die schlechte Bilanz der beiden in diesem großkariert- dunkelschwarzem Loch. Kein Mensch weiß heute noch, in welch modischem Outfit Helmut Schön, Berti Vogts oder Jupp Derwall bei ihrem Antritt erschienen sind. Uli Stielike hat zwar keine Titel gewonnen, jedoch der Titel „Sakko-DFB-Meister" dürfte ihm nie wieder zu nehmen sein.

Hier nun das Bild, … und sagen Sie nicht, wir hätten Sie nicht gewarnt, dieses Foto bekommt man nicht mehr aus dem Kopf!

# SCHANDE VON GIJÓN – UNVERSTANDENE TIKI-TAKA-PIONIERE

*Hierbei dreht es sich um ein Meisterstück des internationalen Fußballsports, welches aber weder von Zuschauern, Medien noch der allgemeinen Öffentlichkeit als solches anerkannt wurde. Und aus letztgenanntem Grund als Schande von Gijón in die deutsche Fußballgeschichte einging.*

Die Ausgangslage vor diesem Gruppenspiel zwischen Deutschland und Österreich bei der Weltmeisterschaft 1982 in Spanien war eindeutig. Deutschland reichte an diesem 25. Juni 1982 ein 1:0 Sieg, Österreich wäre bei diesem Ergebnis auch in der nächsten Runde, Algerien wäre raus. Die Nordafrikaner mussten ja dringend einen Tag früher spielen, wofür weder Deutschland noch Österreich etwas konnte.

In den ersten 10 Minuten war von einem denkwürdigen Spiel noch nichts zu sehen, die DFB-Auswahl dominierte standesgemäß und traf durch Horst Hrubesch zum 1:0. Beide Mannschaften waren eine Runde weiter. Aber anstatt jetzt 80 Minuten lang Skat zu spielen, sich des schönen Wetters zu erfreuen oder gar Zeitung auf dem Platz zu lesen, besannen sich beide Mannschaften, dass man dem Publikum doch etwas schuldig sei und zelebrierten (in Spanien!) ein „Passgewitter", welches viele Jahre später unter dem Namen „Tiki Taka" weltberühmt wurde. Einziger Unterschied zur spanischen Spielweise der Jahre 2008-2012: Die Pässe wurden zumeist in der Nähe des eigenen Strafraums durchgeführt. Jedoch wurde dies mit solch einer Brillanz vollzogen, dass dem Gegner keine Chance blieb, den Ball zu erobern. Zumindest nicht aus dem Stand.

„Wir können sowas nicht trainieren, sondern nur üben."
(Michael Ballack)

Die Zuschauer vor Ort waren ebenso wie die Fernsehkommentatoren noch nicht reif für dieses Schauspiel der modernen Fußballkunst, pfiffen und wedelten mit Geldscheinen. Die Weltpresse zerriss beide Mannschaften in der Luft, warf ihnen Betrug an Algerien vor. Es war eine reine Schande, so die verbreitete Meinung einer ahnungslosen Öffentlichkeit, eben die Schande von Gijón.

Der FC Barcelona aber hat diesen Spielstil später aufgegriffen und verfeinert. Es ist schade, dass die Vorreiter dieses revolutionären Spielstils so verteufelt wurden. Es ist nun an der Zeit, diese verkannten Helden des Fußballsports zu Lebzeiten endlich zu rehabilitieren!

# SCHLUCKSEE – BALLERMANN IM SCHWARZWALD

*Heißt eigentlich Schluchsee, ist aber unter diesem Namen den deutschen Fußball-Fans gänzlich unbekannt. An jenem legendären Ort im Schwarzwald wurde die deutsche Nationalmannschaft in harten Trainingseinheiten auf die bevorstehenden Ereignisse in Spanien vorbereitet.*

Eigentümlicherweise war bei der Trainingsplanung nicht berücksichtigt worden, dass das Team gar nicht am berühmten Ballermann oder der sonstigen prominenten mallorcinischen Kulturszenerie bestehen sollte, sondern in Gijón, der Hafenstadt am Golf von Biskaya. Dennoch wurde nach den bekannt gewordenen Trinkeinheiten (die öffentliche Kritik am progressiven Trainingsverfahren nahm man billigend in Kauf) hinterher genauestens aussortiert, Bundestrainer Derwall wusste anschließend

Knüppelharte Trainingseinheiten (wie hier zu sehen) waren Alltag am Schluckseee. Eike Immel, Karl-Heinz Rummenigge, Hansi Müller und Manni Kaltz bei einer besonders schweißtreibenden Übung.

genau: Wer es am nächsten Tag noch auf den Fußballplatz schafft, mit dem kann man Kriege und Fußballschlachten gewinnen.

Zusätzlich half der Randaspekt, dass der deutsche Torwart Schumacher, der schlicht so ehrgeizig war, das er sein Hauptaugenmerk auf die sportliche Vorbereitung legte, an den Rand der freiwilligen Abreise gedrängt wurde. Der Torhüter hatte nicht erkannt, dass die bewusst provokativ-unorthodoxe Vorbereitung ihm und dem Team nutzte. Im Turnier legte Toni Schumacher dann DIE Aggressivität und Leidenschaft an den Tag, die man nun einmal benötigt, um als Torwart bei einer WM zu bestehen (Siehe: „Battiston-Foul").

> „Zum ersten Mal trinkt der kein Bier,
> und schon verletzt er sich."
>
> *(Trainer ‚Fiffi' Kronsbein zur Fußverletzung seines Abwehrspielers Damjanoff, dem beim Teekochen der Wasserkessel auf den Fuß gefallen war)*

Die Trainingsinhalte wurden auf ungewöhnliche Sportarten ausgeweitet, so wurde etwa auch der Pokersport in die Vorbereitung mit einbezogen. Später merkte man dies auch im Turnier, als man sich im legendären Spiel gegen Österreich (siehe „Schande von Gijón") abgezockt verhielt und dabei einen anderen Gegner (Österreich) „benutzte" um einen Hauptgegner (Algerien) ausstechen zu können. Das bei den Pokerrunden um Summen bis zu 30.000 DM gewettet wurde, kann den Trainingseffekt nur verstärken, schließlich ging es bei der eigentlichen Weltmeisterschaft ja auch um sehr viel Prestige und Geld.

„Im Training habe ich mal die Alkoholiker meiner Mannschaft gegen die Antialkoholiker spielen lassen. Die Alkoholiker gewannen 7:1. Da war's mir wurscht. Da hab i g'sagt: Sauft's weiter."

*(Max Merkel)*

Insgesamt ist dieses zu Unrecht gescholtene Trainingslager am Schluck-Schluchsee also, entgegen der öffentlichen Meinung, ein großer Erfolg gewesen. Heute weiß man gar, es war ein genialer Schachzug der DFB-Planer. Ein verspätetes Chapeau an alle Beteiligten!

**Aus der erfolgreichen Schlucksee-Strategie hat der DFB schnell gelernt: Seit 1992 ist die Brauerei Bitburger Partner der Nationalmannschaft. Der Titelgewinn bei der Europameisterschaft 1996 war daher geradezu logisch!**

# SCHWALBE –
# … UND EWIG FLIEGEN DIE HÖLZENBEINE

*Heimischer, flugfähiger Singvogel, der definitiv nicht Fußball spielen kann. Soll aber für den Fußball-Bereich angeblich von Bernd Hölzenbein beim WM-Finale von 1974 erfunden worden sein. Ist aber Quatsch, da Hölzenbein trotz Beteiligung an „Fußball ist unser Leben" weder Singvogel ist oder war, noch fliegen kann.*

Um fliegen zu können benötigt der Mann die Lufthansa oder die Hilfe von holländischen Tretern, um zumindest kurz abheben zu können. Um singen zu können reichen drei Jägermeister.

Hölzenbein ist also keinesfalls der Erfinder der „Schwalbe", wie in Holland immer noch fälschlicherweise behauptet wird. Kameraaufnahmen beweisen eindeutig, dass der holländischen Abwehrspieler Wim Jansen ein grobes Foul hinterlistig antäuscht, im allerletzten

Moment aber den Fuß verschlagen wieder wegzieht. So schnell konnte Hölzenbein, der sich lediglich dem brutalen Tritt Jansens per sehenswert-sensationeller Notwehr-Flugeinlage entzogen hat, gar nicht reagieren. Die besondere Niedertracht bei Jansens Aktion liegt nun darin, dass dem deutschen Angreifer lebenslang eine unfaire Tat vorgeworfen wird und Jansen, der nicht einmal Rot für diese Tätlichkeit sah, sich ein Leben lang als das arme Opfer gerieren kann.

Es ist schamlos und skandalös, dass die Niederländer darin noch einen Nachteil sehen. Mit dem Elfmeter (schon die Absicht ist strafbar) war man noch bestens bedient.

So fliegt eine Schwalbe, ornithologisch *Hirundinidae* genannt.

So soll Bernd Hölzenbein geflogen sein, was – wie jeder hier sieht – anatomisch und physikalisch unmöglich ist.

# SPIELERFRAUEN – VOM HAUSMÄDCHEN ZUR HAUPTFIGUR

*In den frühen Jahren des DFB spielten die Ehegattinnen und Freundinnen der Spieler praktisch gar keine Rolle, oder besser: Sie hatten keine Rolle zu spielen, wenn man davon absah, das sie ihrem Göttergatten natürlich das Essen zu servieren (Sportlernahrung bevorzugt) und den Mann grundsätzlich bei Laune zu halten hatten. Ihm das Leben so angenehm zu gestalten, dass es dem Spieler an nichts fehlt ...*

Doch Zeiten ändern sich. Dies war bereits 1974 ansatzweise zu erkennen, als diverse Spieler wie u. a. Gerd Müller auch deswegen aus der Nationalelf zurücktraten, nur weil die Spielerfrauen nach dem Gewinn der Fußball-Weltmeisterschaft doch tatsächlich die Frechheit besaßen, das Festbankett aufzusuchen. Hallo, wer von den Damen hat denn im Finale mitgespielt? Geht's noch?

Natürlich wurden die Grazien an der Eingangstür ordnungsgemäß abgewiesen.

Als Urmutter aller Spielerfrauen gilt Italia Walter, gebürtige Bortoluzzi. Sie heiratete 1948 Fritz Walter, den Kapitän des 1. FC Kaiserslautern und Spielführer der Weltmeister-Nationalmannschaft. Anfangs eher misstrauisch beäugt, trug sie schon bald den wenig vorteilhaften Beinamen „schwarze Hex". Bundestrainer Sepp Herberger riet dem Boss der roten Teufel von der selbstbewussten, jungen Frau ab. Denn die verstand sich eher als Managerin denn als treusorgende Gattin. Der rote Teufel und die schwarze Hexe blieben aber bescheiden, geradezu provinziell. Ein Angebot von Atletico Madrid lehnte die Ehefrau höchstpersönlich ab, das brachte ihr Sympathiepunkte.

Wie auch immer, ab hier steigerte sich der Einfluss der besseren Hälften der Nationalspieler. Sie wurden immer aufmüpfiger und so manche Dame gerierte sich sogar als die Managerin des jeweiligen Starspielers.

Bernd Schusters Frau Gaby war so ein Fall. Nachdem der geniale Mittelfeldspieler (Europameister 1980) des 1.FC Köln und später CF Barcelona nach seinem Rücktritt 1984 (er hatte sich mit Bundestrainer Jupp Derwall überworfen) erneut mit der Nationalmannschaft befasste, verlangte seine geschäftstüchtige Gaby mal eben *eine Millionen DM* in den Gesprächen mit Teamchef Franz Beckenbauer, der Schuster zur WM 86 mitnehmen wollte.

Beim DFB kippte man angesichts der Summe und der damit verbunden Dreistigkeit der Dame aus den schick polierten, stets modisch adretten Adiletten.

Nachdem selbst der Franz die Situation mit seinem Charme nicht lösen konnte, blieb Bernd Schuster bei seinen 21 Länderspielen stehen. Den Schusters drohte aber trotz der entgangenen Million nicht der Absturz in die Slums von Barcelona.

> „Die Frauen haben sich entwickelt in den letzten Jahren. Sie stehen nicht mehr zufrieden am Herd, waschen Wäsche und passen aufs Kind auf. Männer müssen das akzeptieren."
>
> *(Lothar Matthäus)*

Doch immer weitere Gaby-Schuster-Klone eroberten den deutschen Spielermarkt. Thomas Häßlers Frau Angela erfreute ihre Gesprächspartner mit immer weiteren Sonderwünschen und auch Steffan Effenbergs Gemahlin Martina zeichnete sich nicht eben durch Zurückhaltung in der verbalen Kommunikation aus. Dazu nannte auch Bodo Illgners Gattin Bianca ein sehr einnehmend-zurückhaltendes Wesen ihr eigen. Dies bewies sie, gemeinsam mit Frau Effenberg, bei der Weltmeisterschaft 1994 in den USA, als sie dort (laut Bundestrainer Berti Vogts) durch ihr Wirken für Unruhe sorgten.

Die Spielerfrauen verändern sich allerdings, genau wie die jeweiligen Spielergenerationen. Der Typus Managerfrau wurde durch Models- und Moderatorinnen für Spartensender abgelöst. Auch Schmuckdesignerinnen tummeln sich an der Seite der deutschen Starkicker. Bei Turnieren sieht man sie zumeist mit einem *coffee to go* in der linken und einem Handtäschchen, gerade so groß wie eine Scheckkarte, in der rechten ... immer bereit jede Kamera auf sich zu ziehen.

„Marmorkuchen, den ich sehr gerne esse,
bäckt meine Frau, sooft ich Appetit darauf habe."

*(Gerd Müller in seiner Autobiographie)*

In dieser Hinsicht, das muss man neidlos anerkennen, sind den deutsche Mädels die englischen Girls mehr als überlegen. An der Spitze steht naturgemäß Victoria Beckham. Sie ist aber nun einmal der Prototyp der WAG („Wives and Girlfriends") der englischen Nationalkicker. Bei der WM 2006 haben diese Frauen vor allem in Baden-Baden, wo die englischen Nationalmannschaft ihr Quartier bezog, gezeigt, was zum Ressort einer WAG gehört.

Man muss tagsüber sämtliche Läden in derjenigen Stadt powermäßig leer-shoppen, in denen sich der Gatte gerade fußballtechnisch aufhält. Am nächsten Morgen sollte man sich dann flugs eine Boulevardzeitung besorgen um nachlesen, welche Läden man am Vortag um ihre Waren erleichtert hat. Dann aber flott zum Friseur, zum Modeberater, zum Tanz-Therapeuten und zum Hand-and-Nail-Artisten, um sich optimal auf das Spiel vorzubereiten. Beim Spiel dann Interviews geben und bedeutende Karriere-Entscheidungen treffen, etwa, dass David Beckham nicht nach München wechseln darf, weil es dort keine anständige Einkaufspassage gibt.

Spielerfrau zu sein, egal ob in England oder Deutschland, ist mittlerweile sehr populär geworden. Wir alle wissen ja, was ein bekannter Ex-Nationalspieler auf die Frage nach seinem Traumberuf gesagt hat: **„Spielerfrau!"**

# SUPPENKASPER – ALS DER STEIN INS ROLLEN KAM …

*Auch im fernen Mexiko durfte sich Teamchef, Lichtgestalt und Werbestar Franz Beckenbauer an Unterbrechungen des manchmal öden Trainingsalltages erfreuen. Während der WM 1986 hatte sich sein aus B- und C-Technikern bestehendes Team (von Beckenbauer liebevoll „Schrottkader" genannt) rund um Ballstreichler wie Norbert Eder, Karl-Heinz Förster oder Ditmar Jakobs für das Halbfinale qualifiziert, da musste sich der bayrische Gemütsmensch doch glatt mit seinen Werbeaktivitäten aus den 60er Jahren auseinandersetzen („Kraft in den Teller, Knorr auf den Tisch").*

„Suppenkapser" hatte ihn der ansonsten still vor sich hin leidende und auf der Reservebank oft tiefenentspannte Ersatztorwart Uli Stein tituliert.

Angeblich soll der seinerzeit zuvor durchaus in bestechender Form spielende und daher bei der WM auf der Bank geschonte Stein die deutsche Elf verbal als „Gurkentruppe" ausgezeichnet haben. Ebenso war der Torwart, unterstützt von den Sportskameraden Dieter Hoeneß, Klaus Augenthaler und Ditmar Jakobs vor Ort ernsthaft um die Völkerverständigung bemüht, man vergaß dabei schon einmal die Zeit und die Rückkehr ins Teamhotel.

Der Ursprung der Suppenkasper-Affäre.

Dies alles erfreute den Teamchef so sehr, das er seinem besten zweiten Torwart eine Gratis-Heimreise spendierte, die Stein auch sofort antreten durfte. Ohne ihn wurde es aber dann ruhiger in Queretaro und Nummer-1-Torwart Toni Schumacher griff, seines Motivations-Impulsgebers beraubt, aus lauter Kummer im Endspiel daneben. Schade!

# TURNIERMANNSCHAFT – ES WAR EINMAL ...

*Wie beschreibt man am besten das, was einmal war und bis zum Ende der EM 2012 nicht mehr ist? Wir überlassen dies Patrick Völkner, als Blogger Voegi bei SPOX bekannt, der seiner Enttäuschung über das Aus der Deutschen Fußball-Nationalmannschaft im Halbfinale der Euro 2012 Luft macht und dabei den Kern voll und ganz trifft:*

Von Patrick Völkner (29.06.2012)

**Turniermannschaft? Is klar.**

Eine Turniermannschaft ist eine Mannschaft, die – bei ansonsten mäßigen Leistungen in Freundschafts- und Qualifikationsspielen – im Rahmen eines Turniers zu Bestform aufläuft und dabei zahlreiche Titel gewinnt.

Zugegeben, diese Definition ist keiner Enzyklopädie entnommen, nicht einmal bei wikipedia abgeschrieben. Sie entstammt meinem fußballversauten Kleinhirn, dessen in Naivität getränkte Synapsen eben jenen absurden Output geliefert haben.

Doch wie wir wissen ist Deutschland bekanntlich eine Turniermannschaft. Ich korrigiere daher:

Eine Turniermannschaft ist eine Mannschaft, die eine blitzsaubere Qualifikation abliefert, sich mit guten bis herausragenden Leistungen im Turnier zum Favoriten mausert, um dann im entscheidenden Augenblick jedes Mal wieder nach allen Regeln der Kunst abzukacken.

Oder sagen wir es so: Turniermannschaft? Am Arsch! Ich habe die Schnauze voll. Ich habe die Schnauze voll von diesem Gerede um diese tolle Turniermannschaft, die sich auf den Punkt konzentrieren kann und in den wichtigen Momenten ihre beste Leistung abliefern kann. Ich will nichts mehr hören von 16 Jahren Titellosigkeit, die jetzt aber nun wirklich mal ein Ende haben müssen. Mir reicht das Abfeiern einer Mannschaft, die so erfrischend anders ist als die deutschen Auswahlen früherer Zeiten. Ich habe es satt zu hören, welche Perspektiven dieses Team doch habe, das dann eben beim nächsten Turnier endlich wieder den Titel holen wird. Ich habe die Schnauze voll von Spielen gegen Italien ...

Der deutsche Fußball lebt mal wieder in der Hoffnung auf morgen, als Betäubung für den Schmerz von heute. Frei nach dem Motto der Sportfreunde Stiller, die in der Enttäuschung über das Halbfinal-Aus bei der WM im eigenen Land ihren Überhit kurzerhand umdichteten: Nicht 2006, dann halt 2010. Nicht 2012, dann eben 2014. Es scheint, als könnte es unendlich so weiter gehen. Möglicherweise schwingt hier auch das Kahn'sche Mantra mit. Im Zweifel immer weiter machen. Nie aufgeben. Und ja, das ist Sportsgeist, das ist Kämpfermentalität. Aber es bleibt eben doch die große Ernüchterung über das eigene Scheitern. Irgendwann hilft da auch nicht mehr der Blick nach vorne. Ich mache keinen Hehl daraus: Ich will endlich wieder einen Titel. Vielleicht geht hier der deutsche Größenwahn mit mir durch. Vielleicht ist es auch die Arroganz des titelverwöhnten Bayern-Fans. Ganz egal, was es ist: Ich bin nur ehrlich. Auf harmonische Bescheidenheit habe ich keinen Bock mehr. Natürlich könnte ich die herausragende Qualifikation hervorheben. Könnte die Leistungen der Vorrunde loben, die zwar nicht so berauschend wie bei der letzten WM waren, aber immerhin in einer 9-Punkte-Ausbeute mündeten. Könnte jovial die Italiener loben, die uns an diesem Donnerstag einfach überlegen waren. Könnte so tun, als würde ich mich über vier Halbfinalteilnahmen in Folge freuen, die doch beweisen, wie gut die deutsche Mannschaft über die letzten Jahre doch war. All das könnte ich und würde mich dabei doch selbst verleugnen.

Denn ich schiebe Frust. Ich bin enttäuscht, hatte ich mir vor dieser Europameisterschaft doch erhofft, dass sie das lang ersehnte Ende der ernüchternden Titellosigkeit mit sich bringen würde. Hatte geglaubt, dass es jetzt endlich so weit sein würde. Und habe jetzt meinen Glauben verloren. Meinem Kleinhirn werde ich deshalb eine kleine Fußballpause gönnen. Auf dass es mir wieder realistische Definitionen liefert. Zuvor hat es mir aber noch eine erhellende Erkenntnis gebracht:

Deutschland ist keine Turniermannschaft. Hab ich's mir doch gedacht.

WM 2006: Am Turnierpublikum lag es nicht!

# UNGARN – OPFER DER TAKTIK

*War bereits 33 mal Gegner der deutschen Nationalmannschaft, 31 Spiele davon kann man getrost in die Tonne kloppen und vergessen, es waren durch die Bank Freundschaftsspiele, es ging um nichts als um die Ehre fürs Vaterland, was zwar sehr schön und erstrebenswert ist, allerdings keinen Raum im kollektiven Gedächtnis einer Nation hat.*

OK, vielleicht mal abgesehen von der 0:2 Niederlage am 6.6.2004, als Lothar Matthäus die Magyaren trainierte (oder was er sonst noch in Ungarn zu erledigen hatte) und anschließend vom „Wunder von Kaiserslautern" schwadronierte. In diesem Spiel debütierten zusätzlich die beiden DFB-Frischlinge Bastian Schweinsteiger und Lukas Podolski. Sonst gibt es von dieser unwichtigen Turniervorbereitungs-Partie nichts mehr zu berichten.

Lediglich zwei Spiele gegen die Puszta-Söhne waren Pflichtspiele und beide Ergebnisse haben sich kollektiv in das Langzeitgedächtnis eines jeden deutschen Fußballfans eingebrannt. Witzigerweise fanden beide Begegnungen bei der Fußball-Weltmeisterschaft 1954 in der Schweiz statt.

> „Hans, trinken Sie nicht so viel! In acht Wochen haben wir ein schweres Spiel in Brüssel gegen Belgien."
>
> *(Bundestrainer Sepp Herberger zu Hans Schäfer bei der Siegesfeier nach dem Gewinn der Fußball-Weltmeisterschaft 1954)*

Dabei gab es im Vorrundenspiel im Basler Sankt-Jacob-Park am 20. Juni 1954 besonderes zu bewundern. Immerhin konnte die B-Elf den hoch favorisierten Ungarn drei Eier ins Nest legen. Alfred Pfaff, Helmut Rahn und Richard Hermann trafen, obwohl Trainer Herberger gar nicht gewinnen wollte. Der Taktikfuchs sparte lieber die Kräfte seiner Besten für kommende Aufgaben und legte die „Trefferquote" in diesem Spiel eher zielgerichtet gegen Ferenc Puskas, dem wohl talentiertesten Spieler in Reihen der Ungarn. Auch hier konnten Erfolge verbucht werden, denn aufgrund einiger „Berührungen" war der Starspieler im Nachgang für einige Spiele ausgefallen. Da konnte man es auch hinnehmen, dass mit 8 Gegentoren die einkalkuliert-gewollte Niederlage vielleicht doch einen Tick zu hoch ausfiel.

Egal, im Finale traf man wieder auf Ungarn. Taktisch virtuos inszeniert ließ man den Favoriten 2:0 in Führung

## Ungarn – Opfer der Taktik

1 Sepp Herberger
2 Helmut Schön
3 Richard Kreß
4 Hans Schäfer

So sieht ein Bundestrainer aus: Sepp Herberger sticht als Nr. 1 auch beim Fußball-Quartett alle aus.

gehen. OK, das zweite Tor der Ungarn war ein wenig arg beabsichtigt seitens der Deutschen herbeigeführt worden. Aber sei's drum!

Jeder Favorit denkt nach einer 2:0 Führung, dass „die Messe gelesen" sei. So auch die Ungarn, die nun – anstatt konzentriert weiterzuspielen – ein wenig Hacke, Spitze, Trallala-Kunst präsentieren wollten.

Mit Hilfe der „Fritz-Walter-Wetter"-Taktik (siehe Fritz-Walter-Wetter) konnte Deutschland dann das Spiel wenden und Ungarn nicht nur an diesem Tag schlagen, sondern für alle Zeiten von der Fußball-Landkarte tilgen. Von diesem Schlag erholte sich der ungarische Fußball nie wieder.

… und dennoch wartet man gespannt auf ein drittes Pflichtspiel!

„Der Ball ist rund. Wäre er eckig, wäre er ja ein Würfel."

*(Gyula Lorant, Vizeweltmeister mit Ungarn 1954 und späterer Bundesligatrainer)*

# WASSERSCHLACHT – NOCH IST POLEN NICHT ERTRUNKEN

*Bei der WM 1974 kam es in Frankfurt im letzten Gruppenspiel der 2. Finalrunde zur Begegnung Deutschland gegen Polen, welche heute noch als „Wasserschlacht" bezeichnet wird. Warum? Weil es nun mal ein bisschen nass war, was insbesondere die Polen – die sich besser sahen – bis heute nicht verwunden haben.*

Schließlich standen sie anschließend da wie begossene Pudel, nass gemacht von unserem deutschen Wasser (zu dem bekanntlich viele „Ja" sagen) und unserem deutschen Müller (nachdem Uli Hoeneß schon mal seinen Elfer-Fehlschuss für die EM 76 erfolgreich uraufführte. Zuvor hatte Hölzenbein schon einmal Fallen fürs Finale geprobt). 1:0 für Deutschland. Sieg! Finale, ohoooo …

Besondere Vorkommnisse im Spiel, laut Spielbericht des Schiedsrichters: Es war viel Wasser auf dem Platz.

Polen witterte also mal wieder einen Skandal. Klar, hatte man doch angeblich extra viel Flüssiges vor das deutsche Tor platziert und Latos Schuss war in der Folge im „5-Meter-Raum-Wasser" versumpft? Na und? Versumpfen tun gar nicht so wenige Polen nach 12 Wodka Feige ohne Feige, oder? Weiterhin soll auf den Umstand verwiesen werden, dass beim Fußballsport die Platzhälften getauscht werden. Dies bedeutet also nicht, das fleißige Helfer einmal den Platz um 180 Grad drehen, ... nein, lediglich die Mannschaften stellen sich nach der Hälfte der Spielzeit auf die Seite, auf der sie in Halbzeit 1 noch aufs Tor geschos-

# Wasserschlacht – Noch ist Polen nicht ertrunken 153

Es wurde alles versucht: Mit Wasserwalzen wurde der überschwemmte Platz während der Fußball-Weltmeisterschaft in Deutschland am 03.07.1974 in Frankfurt am Main (Endstand 0:1 für Deutschland) bespielbar gemacht. Das Wasser wurde absolut gleichmäßig auf dem Platz verteilt! Es kam niemand zu kurz ...

sen haben. Somit war Müllers Tor auch logischerweise kein Eigentor, wie so manch (vermutlich versumpfter) Polen-Anhänger heute noch behauptet.

Man sollte nicht abschweifen, daher wurde noch einmal gründlich recherchiert. Das Spiel wurde von einem gemeinsamen Kontrollgremium der FIFA, UEFA, UNO, NATO, NSA, FIAT und der LMAA auf Herz und Nieren überprüft. Dabei wurde noch einmal die volle Spielzeit be-

Laut Spielbericht gab es nur ein besonderes Vorkommnis: Zwar gab es viel Wasser auf dem Platz, der Ball schwamm aber immer oben und war daher spielbar. Lachhaft: In Polen machte man daraus einen Skandal.

gutachtet, auch die Regenfälle vor und während des Spiels wurden in einem zweijährigen, hochkomplexen Verfahren nach neuesten technischen Erkenntnissen analysiert und ausgewertet. Alle noch lebenden Beteiligten des Spiels, vom Spieler bis zum Schiedsrichterteam, vom Kameramann bis hin zum Publikum wurden befragt. Bei Ableben diverser Beteiligten wurden eventuelle Aufzeichnungen und Daten der Nachfahren gesammelt. Die gesammelten Ergebnisse wurden in einem neuartigen Super-Computersystem, welcher die Ausmaße des Pentagon hat, in weiteren drei Jahren ausgewertet und zu guter Letzt wurde das

Endergebnis in einem überraschend kurzen Bulletin der Weltöffentlichkeit zur Verfügung gestellt. Das Ergebnis lautet:

```
WM 1974 — DEUTSCHLAND (WEST) VS POLEN 1:0
TOR: GERD MÜLLER
BESONDERE VORKOMMNISSE:
VIEL WASSER AUF DEM PLATZ
```

Nachdem also nun der endgültige Beweis erbracht wurde, kam es dann doch noch zum Skandal! Polen ist nicht in der Lage die Kosten von 742 Milliarden Euro, die nun einmal diese Maßnahmen gekostet haben, zu leisten und beantragt einen Platz unter dem Euro-Rettungsschirm.

1974 hätte ein Regenschirm gereicht ...

# WEMBLEY-TOR – WAS HAT DENN NUN GEZAPPELT?

*„Es war ein Tor. Ich habe es genau gesehen, meine Herren.* **Ich habe gesehen, wie der Ball im Netz zappelte.**" *Mit diesen Worten hat Bundespräsident Heinrich Lübke das Wembley-Tor im Finale der Weltmeisterschaft von 1966 zwischen England und Deutschland quasi als rechtmäßig anerkannt. Dafür hat der Mann viel Kritik erfahren, denn alle Zeitzeugen deutscher Nationalität haben weder einen Ball im Netz zappeln sehen, noch hat irgendjemand den Ball mit vollem Umfang hinter der Linie gesehen.*

Lassen wir einmal die Theorie beiseite, das Lübke während des Spiels eventuell nicht ganz bei der Sache war, sondern kümmern wir uns einmal um den Tatbestand an sich. Der englische Spieler Geoff Hurst *(gespochen: Dscheff*

So sieht ein eindeutiger Treffer aus. In diesem Fall führt er zu einer Bildstörung im Fernsehen. Gesehen 1966 beim Wembley-Tor.

*Hööörst)* semmelte das runde Leder *(es war in der Tat aus Leder, was für Zeiten ...)* in der 101. Minute, also in der Verlängerung, volle Kanne an die Latte. Von dort sprang das Leder *(gemeint ist der Ball, kein Fensterleder)* auf die Linie *(deutsche Version, entspricht der Realität)* oder ins Tor *(englische Version, natürlich Kokolores)*. Der deutsche Spieler Wolfgang Weber *(gesprochen: Wolfgang Weber)* köpfte den ins Spielfeld zurückspringenden Ball über das Tor. Der Schweizer Schiedsrichter Gottfried Dienst entschied nach Rücksprache mit dem sowjetischen Linienrichter Tofiq Bəhramov auf Tor. Die Verständigung in diesem Moment erfolgte übrigens nur mittels Zeichensprache, da Bəhramov lediglich Russisch und Aserbaidschanisch sprach. Diese Sprachen hatte der eidgenössische Unparteiische bedauerlicherweise nicht im Repertoire. Aber ist das wirklich so wichtig für ein Schiedsrichter-Team, in einem WM-Finale miteinander kommunizieren zu können?

„Schon viele Spiele sind schlecht geleitet worden,
weil der Gummi in der Schiedsrichterhose gerissen ist."
(Vermerk aus dem offiziellen Handbuch des DFB, 1978)

Na ja, wie auch immer. Tofiq Bəhramov räumte in einer ersten Reaktion später ein, nicht genau gesehen zu haben, ob der Ball tatsächlich im Tor war; er habe aber aus dem Jubel der Engländer und der Zurückhaltung der Deutschen den Schluss gezogen, dass ein Tor gefallen sein musste. Irgendwann muss er gemerkt haben, dass diese Aussage nicht wirklich nach einer seriösen Entscheidungsgrundlage klingt. In seinen Memoiren hörte es sich dann auch anders an, *„er sei nämlich vollkommen überzeugt gewesen, dass der Ball hinter der Linie war,* **da er das Netz berührte.** *Das Auftreffen des Balles auf den Boden konnte er nicht wahrnehmen, da er sich auf die jubelnden Eng-*

*länder konzentriert habe."* Das macht natürlich Sinn, da auch Linienrichter nur Menschen sind und sich über glücklich jubilierende Zeitgenossen so dermaßen freuen können, dass sie ihren eigentlichen Job in einem durchaus nicht so ganz unwichtigem Spiel vergessen können. Das Leben ist ja so kurz.

Die zweite Bemerkung aus den Memoiren Bəhramovs klingt zugegeben kaum logischer als seine erste Reaktion, zumal selbst in England kein einziger Fußballfan tatsächlich **eine Netzberührung** des Balles gesehen hat. Lediglich Heinrich Lübke hat, wie bereits erwähnt, ebenfalls einen Ball im und am Netz selbst verortet. Es drängt sich also der Verdacht auf, das Tofiq Bəhramov und Bundespräsident Lübke kurz vor dem Spiel einen gemeinsamen und recht gesellig en Besuch eines englischen Pubs unternommen haben. Bei Bəhramov wurde übrigens sogar während des Spiels eine Fahne nachgewiesen!

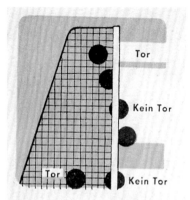

**Wie ein Tor erzielt wird**

Aus einem Schulungsheft der 1960er-Jahre: Tor oder nicht Tor? In der Theorie ist es ganz einfach.

„Schiedsrichter kommt für mich nicht in Frage,
schon eher etwas, was mit Fußball zu tun hat."

(Lothar Matthäus)

Aus Gründen der allgemeinen *political correctness* und natürlich auch, weil wir davon überzeugt sind, sind sie wohl einer optischen Täuschung zum Opfer gefallen und haben sich einfach nur geirrt.

Man hat mittlerweile mit allem technischen Schnick-Schnack der modernen Zeit nachweisen können, dass der Ball tatsächlich nicht im Tor war. Wem das nützt? Keinem! Am wenigsten den Engländern, die in wichtigen Spielen seit 1966 regelmäßig von deutsche Mannschaften vom Platz geschossen werden und auch sonst bei keinem Turnier jemals wieder eine ernsthafte Rolle gespielt haben. Es gibt ihn also doch, ... den Fußballgott!

„Wenn der Mann in Schwarz pfeift,
kann der Schiedsrichter auch nichts mehr machen. "

(Andy Brehme)

# WUT-RUDI – WALDI, WEISSBIER UND DER STANDFUSSBALL

*Jeder Trainer, der etwas auf sich hält, muss in den modernen Zeiten schon einmal eine Wutrede platziert haben. Da nicht nur Vereinstrainer dieses Privileg haben, dürfen selbstverständlich auch Nationaltrainer lauthals herumproleten. Einem ist das in herausragender Weise gelungen: Rudi Völler.*

Schauen wir zurück: Die ARD-Experten Günter Netzer und Gerhard Delling hatten Rudi Völler am 6. September 2003 mit ihrer kritisch-motzigen Analyse der Partie auf die imaginäre Palme 47 b gebracht. Nach dem 0:0 gegen Island explodierte der damalige DFB-Teamchef. Es war eine Wutrede, wie es sie später in dieser Form nicht mehr geben sollte. Im Studio bei Waldi Hartmann (genau, jener „Fußball-Experte", der im TV vor einem Millionen-Publikum nicht wusste, dass Deutschland 1974 im eige-

Ruuuuudi: „Zu 50 Prozent stehen wir im Viertelfinale, aber die halbe Miete ist das noch lange nicht!"

nen Lande Weltmeister wurde!) ließ der ansonsten beliebt-besonnene 80er Jahre Frisur-Romantiker seinem Frust freien Lauf.

> „Wie so oft liegt auch hier die Mitte in der Wahrheit."
>
> *(Rudi Völler)*

„Delling, das ist ein Sauerei, was der sagt. Die Geschichte mit dem Tiefpunkt, und nochmal ein Tiefpunkt. Da gibt's nochmal einen niedrigen Tiefpunkt. Ich kann diesen Scheißdreck nicht mehr hören. Das muss ich ganz ehrlich sagen. Da stelle ich mich vor die Mannschaft", wetterte der von der Leine gelassene Bundes-Rudi. Zu Hause klatschten sich die Fans auf die Schenkel, während TV-Interviewer Waldemar Hartmann, seines Zeichens Berufs-Bayer, irritiert versuchte, den Mann, der das grausame Spiel der deutschen Kicker in Island zu rechtfertigen hatte, halbwegs wieder in eine TV-kompatible Interview-Situation zurechtzurücken.

Aber der ehemalige DFB-Torjäger polterte weiter: „Natürlich war das heute nicht in Ordnung. Aber ich weiß nicht, woher die das Recht nehmen, so etwas zu sagen. Das verstehe ich nicht. Dann soll er (Delling) doch Samstag abends Unterhaltung machen und keinen Sport, keinen Fußball. Dann soll er ‚Wetten dass' machen und den Gottschalk ablösen."

Völler blieb ungehalten und zeterte sich nicht nur in Rage, sondern fast um Kopf und Kragen, als er noch einen besonderen Schwerthieb Richtung Experte und früherem Nationalspieler Günter Netzer setzte. „Der Günter, was die früher für einen Scheiß gespielt haben, da konntest du doch früher überhaupt nicht hingehen, die haben doch früher Standfußball gespielt", empörte sich der DFB-Teamchef. Dem Vernehmen nach gefroren Netzers Gesichtszüge zu Stein, als er die Tiraden des Bundestrainers im Studio vernah.

Mittlerweile hatte Hartmann seine Verblüffung überwunden und meinte: „Aber Rudi, ich kann jetzt nicht verstehen, warum du Schärfe reinbringst", woraufhin Völler entgegnete: „Die Schärfe bringt ihr doch rein, müssen wir uns denn alles gefallen lassen?"

Als der Moderator dann fast entschuldigend beteuerte, er bringe doch keine Schärfe rein, sagte Völler: „Ja, du nicht. Du sitzt hier bequem auf deinem Stuhl, hast drei Weizen getrunken und bist schön locker. "

Das saß!

Zwar nahm Völler den Weißbier-Spruch im Gespräch sofort wieder zurück, aber nun war es heraus. Nationalmannschaftsreisen sind also nix anderes als Betriebsausflüge auf Malle, es wird gesoffen, wahrscheinlich rumgehurt und, und, und ...

Wir haben es doch alle gewusst. Schon Toni Schumacher schrieb in seinem aufklärerischen Werk „Anpfiff" wie es im deutschen Fußball zugeht. Auch 2003 war das sicher kaum anders.

> „Man darf über ihn jetzt nicht das Knie brechen."
>
> *(Rudi Völler)*

Letztendlich interessiert das keine Sau, wenn der Erfolg da ist. Dann können die Herren auf Reisen ja machen was sie wollen, Hauptsache sie schleppen einen Pokal mit in die Heimat, singen komische Lieder auf dem Frankfurter Römer und tragen Sonnenbrillen mit Gläsern wie Aschenbecher.

Aber schön, dass wir das nun auch von Rudi Völler quasi-beglaubigt bekommen haben. Übrigens, dem Vernehmen nach haben Völler, Hartmann und weitere Island-Beteiligte am Abend noch ordentlich einen gehoben und Völlers und Hartmanns Eintrag ins deutsche Fußball-Geschichtsbuch gefeiert.

Aber bestätigen tut das mal wieder niemand.

Typisch!

# ZETTEL – HERR LEHMANN UND DER WAHRE TEXT

*DER Star der WM 2006 in Deutschland. Erinnern wir uns. Viertelfinale, das Spiel Deutschland gegen Argentinien endete nach 120 spannenden Minuten 1:1. Das Elfmeterschießen musste entscheiden. Zur Überraschung aller, besonders der argentinischen Schützen, zückte Deutschlands Nummer 1, Jens Lehmann, vor den Ausführungen der Elfmeter einen Zettel aus seinen Stutzen, schaute lange drauf und wehrte letztendlich zwei Straftstöße ab.*

Lesen bildet. Herr Lehmann beweist das …

Lange wurde diskutiert, was dieser Zettel wirklich bewirkt hat. Der Öffentlichkeit wurde im Nachhinein ein Zettel präsentiert, der in schwer lesbarer Schrift des Torwarttrainers Andy Köpke, die jeweiligen Elfmetergewohnheiten von Maradonas Erben beschrieb. Doch war das wirklich so? Was stand wirklich auf dem Zettel? Von gut unterrichteten Greisen konnte man folgende Varianten verschiedener Inhalte erfahren:

**Variante 1:**

Jens, lass 2 Schüsse rein.

Alles andere wirkt überheblich!

Klinsi

**Variante 2:**

Wer dat liest is doof.

Ne schöne Jroos, Poldi ...

**Variante 3:**

> Du Pfeife packst das nie.
> Unter Druck brichst
> du zusammen!
> Gruß, Olli (die wahre Nummer 1)

**Variante 4:**

> Denksportaufgabe von deinem Capitano.
> Wie kann man einen Vollpfosten stundenlang
> beschäftigen? Zur Antwort Zettel wenden ...

Auf der der Rückseite war folgendes zu lesen:

> Denksportaufgabe von deinem Capitano.
> Wie kann man einen Vollpfosten stundenlang
> beschäftigen? Zur Antwort Zettel wenden ...

**Variante 5:**

2 Gläser Nuhtella, 8 Brötschen, 800 Gramm Grillflaisch (Lummerkotlett), Grillannzünder, Sickspeck Biehr (alles, nur kein Pilz), 4 Jüten Tschipps (mit Pepperohni) und Ziehgaretten ... Bussi, deine Schmuhsemaus

**Variante 5:**

Keine Ahnung, wo die hinschießen, aber jetzt schau konzentriert auf den Zettel ... (ruhig Zeit lassen), ... schließ kurz die Augen, ... nicke ... und halt die Dinger von den Schmierlappen!
Andi

Die 6. Variante ist dann der Zettel, der in der Öffentlichkeit präsentiert wurde und später sogar für eine Millionen Euro versteigert wurde. Dass es sich dabei um ein Fälschung handelt, scheint jedoch erwiesen. Oder kann sich jemand vorstellen, dass ein wichtiges, deutsches Formular handgeschrieben, ungelocht und ohne Eingansstempel den Weg aus einer Akte findet?

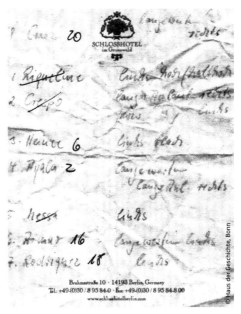

Der 1-Million-Euro-Zettel. Ist er wirklich echt?

# NACHSPIELZEIT: KAISERSCHMARRN

Zum Ende dieses Buches noch ein Hinweis für alle unsere Leser, die in diesem Buch ein Rezept für eine Süßspeise erwarten, sowie für alle Fußballfreunde, die auch einmal über die traditionelle Stadionwurst hinausdenken:

Kaiserschmarrn (Ungarisch: *Császármorzsa*), benannt nach (natürlich) Kaiser Franz Joseph I., ist eine verfeinerte Form des Schmarrns. Es handelt sich dabei um eine Zubereitung aus Palatschinkenteig (Fußballfreunde aufgepasst: Hat nichts mit normalem Schinken zu tun!) und zählt zu den bekanntesten Süßspeisen der österreichischen Küche.

Der aus Mehl, Milch, Eiern sowie etwas Zucker und Salz zubereitete Teig wird in einer Pfanne auf mittlerer Hitze in Butter gebacken, bis die Unterseite fest ist. Dann wird er mit einem Kochlöffel oder einem Pfannenwender zerteilt und wiederholt vorsichtig gewendet, bis er fertig ist. Er wird mit Puderzucker bestreut und traditionell mit Zwetschkenröster serviert. Kaiserschmarrn gibt es in zahllosen Varianten, z. B. karamellisiert, mit Rosinen oder Mandeln.

Ob man als Zutat einen Schuss Rum, Zitronen- und Orangenschale oder doch Vanille dazugibt ist jedem selber überlassen - Varianten und Beilagen gibt es viele!

Eine etwas aufwändigere Zubereitung erfolgt durch Abtrennung des Eiweiß, das zu Eischnee geschlagen und unter den Teig gehoben wird. Dadurch wird der Kaiserschmarrn lockerer.

Je nach Zutaten und Beilagen kann man auch in weitere Varianten unterteilen:
- Kirsch-, Mirabellen-, Weichsel-, Apfelschmarrn
- Nussschmarrn,
- Sauerrahmschmarrn usw.

Dem Kaiserschmarrn sehr ähnlich ist der Semmelschmarrn. Dieser wird aus in Milch eingeweichten, geschnittenen Semmeln (Brötchen) und Eiern zubereitet.

**Wir wünschen einen guten Appetit!**

# humboldt ... bringt es auf den Punkt.

Arnd Zeigler

**Taktik ist keine Pfefferminzsorte!**

Neueste Sprüche und Weisheiten der Fußballstars

264 Seiten, 85 farbige Abbildungen
12,5 x 18,0 cm, Broschur
ISBN 978-3-86910-188-0
€ 12,95

Auch als E-Book erhältlich.

„Zeigler beweist sein wahres Kennertum von Fußballspiel und Fußballwesen." — Der Tödliche Pass

„Verbaler Volltreffer!" — Mittelbayerische Zeitung

„Als ‚große Verbal-Rumpelkammer' beschreibt der Radio- und TV-Moderator selbst sein Werk. Es ist nicht sein erstes dieser Art. Gerade deshalb ist es so gut. Zeigler hat tief gekramt in seinem Fundus, um mit Sprüchen zu unterhalten, die nicht schon tausendmal an diversen Stammtischen erzählt wurden." — Neue Osnabrücker Zeitung

Änderungen vorbehalten

www.humboldt.de

**humboldt** ... bringt es auf den Punkt.

Arnd Zeigler

### Keiner verliert ungern

Neue Sprüche und Weisheiten
der Fußballstars

256 Seiten
100 farbige Abbildungen
12,5 x 18,0 cm, Broschur
ISBN 978-3-86910-160-6
€ 9,95

Auch als E-Book erhältlich.

„Perfekte Vorbereitung für den nächsten Spieltag."

*Sportsfreund*

„Eine herrliche Collage verbaler Kabriolen."

*11 Freunde*

„Mit ‚Keiner verliert ungern' veröffentlicht Arnd Zeigler eine Sammlung, mit Zitaten von sauerstoffungesättigten Fußballer-Hirnen, schwafelnden Moderatoren, zu dicken Funktionären und der ganzen Saublase, die sonst noch irgendwie mit der wichtigsten Nebensache der Welt zu tun hat. Die Sprüche, die es hier zu lesen gibt, sind gottgleich."

*Punkrock*

Änderungen vorbehalten

**www.humboldt.de**

# humboldt ...bringt es auf den Punkt.

Arnd Zeigler

**Zeiglers wunderbare Welt des Fußballs**

1111 Kickerweisheiten

256 Seiten
zahlreiche farbige Abbildungen
12,5 x 18,0 cm, Broschur
ISBN 978-3-86910-157-6
€ 12,95

Auch als E-Book erhältlich.

Ob Spieler, Funktionäre oder Journalisten: Wenn etwas zum Thema Fußball gesagt wird, dann kommen oft erstaunliche Zitate dabei heraus. Arnd Zeigler sammelt diese Zitate, um sie für seine wöchentliche Radio-Comedy „Zeiglers wunderbare Welt des Fußballs" zu verwenden. Dieser Zitatenschatz ist bebildert mit kultigen Illustrationen und garniert mit Fundsachen aus Medien und Werbung.

Arnd Zeigler ist Deutschlands führender Fußball-Satiriker. Der Journalist und Radiomoderator ist Stadionsprecher im Bremer Weserstadion. Woche für Woche produziert er die Radio- und TV-Comedy „Zeiglers wunderbare Welt des Fußballs".

Änderungen vorbehalten

**www.humboldt.de**

## Impressum

**Bibliografische Information der Deutschen Nationalbibliothek**
Die Deutsche Nationalbibliothek verzeichnet diese Publikation in der Deutschen Nationalbibliografie; detaillierte bibliografische Daten sind im Internet über http://dnb.ddb.de abrufbar.

**ISBN 978-3-86910-207-8** (Print)
**ISBN 978-3-86910-258-0** (PDF)
**ISBN 978-3-86910-257-3** (EPUB)

Der Autor: Ralf Friedrichs ist freier Autor, Moderator und Journalist. Er moderiert den HEIMSPIEL Fußball Talk (center.tv), den FC-Stammtisch Talk für den Kölner Stadt-Anzeiger & Express und schreibt für FOCUS Online. Der Fußball- und Comedy-Experte hat bereits mehrere satirische Fußball-Bücher veröffentlicht, darunter die sehr erfolgreiche „Neulich im Geißbockheim" – Trilogie, eine Satire über den 1. FC Köln, sowie eine Comedy-CD.
Der Blog des Autors: http://ralffriedrichs.wordpress.com

Originalausgabe

© 2014 humboldt
Eine Marke der Schlüterschen Verlagsgesellschaft mbH & Co. KG,
Hans-Böckler-Allee 7, 30173 Hannover
www.schluetersche.de
www.humboldt.de

Autor und Verlag haben dieses Buch sorgfältig geprüft. Für eventuelle Fehler kann dennoch keine Gewähr übernommen werden. Alle Rechte vorbehalten. Das Werk ist urheberrechtlich geschützt. Jede Verwertung außerhalb der gesetzlich geregelten Fälle muss vom Verlag schriftlich genehmigt werden.

| | |
|---|---|
| **Lektorat:** | Eckhard Schwettmann, Gernsbach |
| **Layout:** | Sehfeld, Hamburg |
| **Covergestaltung:** | Kerker + Baum Büro für Gestaltung, Hannover |
| **Coverfoto:** | Henrik Sorensen / Getty Images, Thorsten Schmitt / Fotolia |
| **Fotos im Innenteil:** | VG-Bild-Kunst (S. 7, 85), Imago (S. 35, 59, 132), dpa/Picture Alliance (S. 17, 50, 81, 112, 153) Creativ Collection (S. 13), DFB-TV (91, 126), Bergmann Verlag (S. 18, 20, 24, 39, 43, 74, 75, 97, 150, 162), Ralf Friedrichs (S. 5), Picture Service/ Wolfgang Graf (S. 25, 100, 126, 152), Edwin Mieg OHG (S. 56), Münchner Merkur (S. 27), Fotolia (S. 53, 65, 72, 79, 95, 98, 103, 106, 119, 134, 136, 147, 154, 171) Hinweis: Trotz intensiver Recherche konnten nicht alle Rechteinhaber der Bilder im Innenteil ermittelt werden. Für entsprechende Hinweise ist der Verlag dankbar. |
| **Satz:** | PER Medien+Marketing GmbH, Braunschweig |
| **Druck und Bindung:** | Werbedruck Aug. Lönneker GmbH & Co. KG, Stadtoldendorf |

Hergestellt in Deutschland.